什么是民粹主义？

[德国] 扬-维尔纳·米勒 著　钱静远 译
Jan-Werner Müller

What is Populism?

译林出版社

图书在版编目（CIP）数据

什么是民粹主义？/（德）扬—维尔纳·米勒著；钱静远译．—南京：译林出版社，2020.5（2025.12重印）
（西方政治思想译丛）
书名原文：What is Populism?
ISBN 978-7-5447-8014-8

Ⅰ.①什…　Ⅱ.①扬…　②钱…　Ⅲ.①民粹派—研究　Ⅳ.①D091

中国版本图书馆 CIP 数据核字（2019）第 239147 号

三辉图书

什么是民粹主义？［德国］扬—维尔纳·米勒／著　钱静远／译

责任编辑　陶泽慧
装帧设计　薛顾璨
校　　对　戴小娥
责任印制　董　虎

原文出版　University of Pennsylvania Press，2016
出版发行　译林出版社
地　　址　南京市湖南路 1 号 A 楼
邮　　箱　yilin@yilin.com
网　　址　www.yilin.com
市场热线　025-86633278
排　　版　南京展望文化发展有限公司
印　　刷　江苏凤凰新华印务集团有限公司
开　　本　880 毫米 ×1230 毫米　1/32
印　　张　6
插　　页　4
版　　次　2020 年 5 月第 1 版
印　　次　2025 年 12 月第 12 次印刷
书　　号　ISBN 978-7-5447-8014-8
定　　价　49.00 元

西方政治思想译丛
丛书序言

自东汉末年佛教东传，梵客华僧，络绎于途，翻梵为秦，流布天下，极大地促进了华夏文明的发展。前贤移译异域经典的努力，不仅令后人钦仰，也为我们留下不灭的典型。

近世海通以降，特别是晚近二三十年来，译介西方政治理论的著作已经蔚成风气，但近来学界翻译的选目，却多偏重于当代作品。此中似乎隐含着这样一些理据：其一，当代理论关注现实问题，往往有较高知名度，读者会更加认同。其二，自进化论在近代传入中国后，国人对“进步”的观念坚信不移，认定新学问必然代表知识进化的更高阶段，包含更高、更全面的真理。但是，这种厚今薄古、贵近贱远的倾向，往往会忽略政治理论中一些最深层的问题。

所谓政治理论，在本质上就是关于秩序的理论。人类秩序之构建至少必须处理三方面的问题。第一，认同问题，涉及个体与群体、群体之间、人类与超越价值之间的关系等；第二，政治制度问题，涵盖诸如国家与社会的关系、统治权威与被统治者的关系、政府内部之结构功能与运作等；第三，公共政策问题，涉及政府在具体问题上的政策原则、目标及实施程序等。若如此理解政治理论，当代西方政治理论的视界便显得颇为狭窄。当代西方社会由于基本完成了制度构建的历史使命，认同问题似乎也不构成困扰他们的主要问题，故而其政治理论关注的焦点集中在公共政策方面，即探讨“谁应该得到什么”的问题。假如这样一种狭窄的理论视角构成汉语学界心目中西方政治理论的景象，恐怕无法真正理解西方现代政治的构建原则，无法理解现代政治秩序形成的复杂性与多样性，对我们思考中国问题难以提供有意义的启迪。

为了弥补国内政治理论翻译中的这些缺憾，使读者对西方政治理论的历史演进与复杂内涵有更全面的理解，这套丛书希望从理论、历史、制度相结合的视角，选择译介西方政治理论中的重要著作。丛书关注的重点是政治思想，但在考察思想时，更加注重历史与制度的视角。它强调将政治理论放在历史的情境中理解，考察理论得以产生的背景及试图解决的问题；它关注历史的多样性与理论的复杂性，而不试图仅仅以理性为基础抽象出亘古不变的政治原则。它在历史考察中强调理论与制度的结合，既关注一个时代政治制度的结构，又力图展示重要思想家对当时制度的理论思考，从制度与理论结合的视角探索西方现代政治的历史演化轨迹以及隐含的原则。

我国中古时代，人们对于移译佛教经典，曾经有经、律、论三藏何者为先的讨论。晚近提倡阅读西方经典原著也成为一时潮流。然而，对于这些来自异域殊方的原典，如果缺乏历史语境的背景知识，难免望文生义，难解真义。有鉴于此，我们这套丛书，也将精选一些重要的二手研究著作，以促进读书界对于原典的真正理解。

译丛之设，已有很多。这里略述编辑旨趣，求其友声。究极而言，是为了假自他之耀，更全面地展示西方政治发展与思考的全貌，为国人思考政治问题尽绵薄之力。

中译本序言*

◎ 刘擎

“民粹主义”（populism）是西方政治学研究中的重要概念，近年来成为公共舆论中频繁使用的热词，以此描述一种令人注目的新兴政治势力：从英国独立党领导人法拉奇，美国总统特朗普，法国“国民阵线”主席勒庞，到匈牙利总理欧尔班以及土耳其总统埃尔多安等。这些政治人物呈现出某种“家族相似”特点，他们强硬而富有煽动力，鼓吹极端的理念和政策，宣称代表底层民众，诉诸民众被漠视的利益和被压抑的愤怒，发誓彻底改变腐败和无能的建制派精英们所造就的黑暗现状，并许诺民众一个崭新的光明未来。在许多评论家看来，民粹主义是一个现成可用的

* 这篇序言曾部分发表在刘擎《2016 西方思想年度述评》，载《学海》2017 年 2 期。

概念，得以把握当下一种重要政治动向的特征。这个概念也因此走出了学术研究的象牙塔，成为公共领域的一个焦点议题。

在近年大量出现的相关著作与文章中，米勒的《什么是民粹主义？》脱颖而出，甚至被誉为“对民粹主义现象最好的理论解释”。* 这本书在 2016 年 4 月由苏尔坎普出版社推出德文版，英文版于 8 月出版（宾夕法尼亚大学出版社），次年 12 月企鹅书局又发行了新版（增加了新的后记），至今已经有 20 多种语言的译本出版，获得了广泛的引用和评论，颇具轰动效应。

这部篇幅短小的著作得以产生如此影响，或许与作者本人日渐上升的声誉有关。米勒是 1970 年出生的德国人，曾在柏林自由大学、伦敦大学学院和牛津大学学习。1996 年成为牛津大学全灵学院的“获奖学者”（Prize Fellow），七年之后在圣安东尼学院的现代欧洲思想与欧洲研究中心担任研究员。2005 年开始在普林斯顿大学政治学系任教，

* 参见耶鲁大学教授 Daniel Steinmetz-Jenkins 的书评，“The Logic of Populism,” *Dissent*, Vol.64, No.2 (Spring 2017)。作者承认米勒著作的重要影响，但提出了批评性的评论。

目前是政治理论教授。米勒在欧洲思想史与政治理论领域的研究成就卓著，从2000年起先后出版了七部著作（其中《另一个国度：德国知识分子、两德统一及民族认同》、《危险的心灵：战后欧洲思潮中的卡尔·施米特》和《宪政爱国主义》等已有中译本出版），受到学界的关注与赞赏。同时，米勒对社会公共事务怀有热忱，曾于2000年在柏林创办了欧洲文理学院（European College of Liberal Arts），这是德国第一所英语授课的私立文理学院。他还是活跃在公共领域的知识分子，积极介入当代思想辩论，在重要报刊媒体发表文章、接受访谈，在许多著名高校和研究机构参加会议、发表演讲（2018年10月曾应邀在北京大学举办讲座）。他的视野开阔、思想敏锐、文锋犀利，又有非常出色的学术训练，在当今欧美思想界越来越引人注目，已经成为中生代自由派的思想健将。

《什么是民粹主义？》正是一部介入思想争论的著作。民粹主义的概念相当复杂，也容易被滥用。早在半个世纪前，伦敦政治经济学院曾为此召开过学术研讨会，与会者们一致同意，民粹主义这个术语虽然有用，但含义太过模糊，以至于无法形成单一的确切定义。* 概念上的这种含混歧义一直持续至今，也反映在最近的公共论述中。米勒这本书的一个主旨就是要做概念清理。他反对时下对民粹主义一词过度宽泛的使用。民粹主义可能表现为反建制、敌视精英、愤怒、非理性、不负责任、仇富、排外……但所有这些都不是其独有的特征。米勒认为，民粹主义的"界定性特征"(defining feature) 不是反对精英，而是对"人民"代表性的垄断：民粹主义者们宣称，他们而且只有他们才代表"真正的人民"及其意志和利益。这种对政治代表性的道德垄断才是民粹主义的独特之处。

诉诸"人民的意志"意味着信奉"人民主权"原则，因此民粹主义与民主政治具有令人迷惑的相似性，也总是如影随形。米勒认为，民粹主义是代议制民主无法摆脱的"永恒的影子"，是一种"源于民主世界的内部"的危险。民粹主义要维持其对代表性的垄断，就必须抹杀现代社会的多元性，也就必须压制和排斥部分民众的意志和利益，从而反讽地陷入它所指控的那种精英政治罪行（压制与排

* "What is Populism?" *The Economist*, December 19, 2016.

斥）。在根本上，反多元主义（anti-pluralism）的特征使民粹主义不仅是反自由的，最终也是反民主的。

米勒对施米特有过深入的研究，特别对施米特的“同质化人民”做过尖锐的批评分析，这使他对民粹主义的反多元主义特征抱有特殊的敏感性。在他看来，一个复杂多元的现代民主社会中，绝不存在单一的政治意志，更不用说单一的政治观点了。这是所有欧美社会的政治现实。英国脱欧公投中有 48% 的投票者选择留在欧盟，美国总统大选中，希拉里·克林顿获得超出特朗普 286 万张的大众选票，欧尔班在匈牙利策划公投“抵制布鲁塞尔在移民问题上发号施令”，但投票人数未达到一半，实际上失去了法定效力。但所有这些事实都不妨碍民粹主义政客声称他们代表全体人民。法拉奇宣称，英国公投的结果是“真正的人民的胜利”，这意味着反对脱欧的公民算不上“纯正的英国人”；特朗普也曾在竞选集会中宣称“真正重要的事情是人民的联合一体，因为其他人毫无意义”。显然，民粹主义者需要制造一个神话：世上存在一个真正的“人民”群体，一个同质性的、永远正直的人民，全体人民可以通过一个声音表达心声，而民粹主义者自己就是这个声音，是人民独一无二的道德的代表。

民粹主义对民主政治会造成什么样的危害呢？在米勒看来，它首先将政治对手“非法化”。指控自己的竞争者“非法”并不是在表达政策的分歧（政策分歧本身是民主政治的特征之一），而是将政治对手妖魔化，“揭露”他们的人格扭曲或道德腐败。米勒曾在一篇文章中提到过一个妖魔化的极端例子。美国有一名右翼电台的节目主持人琼斯（Alex Jones），是特朗普狂热的支持者，而且收到过特朗普本人的电话致谢。他在网站上发布消息说，克林顿和奥巴马真是从地狱中上来的人，“如果走近他们，你会闻到地狱的硫磺气味”。* 在这种妖魔化的驱动下，民主不再是竞争的政治，而是你死我活的恶性斗争，是善恶之间的决战。同样，由于民粹主义者否认社会的多元主义，执意要把公民之间的分歧转化为“人民与非人民的对抗”，坚持要将异己的人群——那些不支持或不认同他们“人民”观念的

* Jan-Werner Müller, “Capitalism in One Family,” *London Review of Books*, Vol.38, No.23 (1 December 2016), 10—14.

人——排除在“真正的人民”之外。

在对民粹主义的特征做出阐释之后，米勒也对当前相关讨论中的一些流行误解提出了批判分析。第一，有人相信民粹主义与代议制民主相比更具“直接民主”的倾向，这会使政治更贴近民众。但米勒反驳说，民粹主义者并不反对代议制民主，只要他们自己是那个代表；他们甚至可以不反对精英，只要精英是他们所定义的“人民”的代言人。他们呼吁要让“人民自己发出声音”，但完全不关心广泛的民主参与，他们热衷于政治和道德的断言，而不是促进开放的、自下而上的公民辩论。他们制造民意的方式是在（直接或间接的）民主程序之外来定义人民。第二，有大量研究表明，右翼民粹主义的支持者与其社会经济状况并不直接相关。在上届美国总统大选中，特朗普的支持者并非低收入人群，大多数经济状况最差（年收入不足5万美元）的人群投票给了希拉里·克林顿。将民粹主义的支持群体与现代化的失败者相联系的看法，缺乏可靠的经验证据基础。实际上，特朗普的成功秘诀在于，他使许多白人（仍然占美国人口的绝大多数）相信，他们自己的地位已经衰落，变成了受压迫的少数族群，从而将“白人身份运动”与“美国人民”关联起来。第三，许多自由派分析家认为，民粹主义政客一旦上台执政就会自我瓦解，因为他们没有真正可行的政策。在他们看来，民粹主义在本质上是一种抗议政治，而“抗议者是无法统治的”，因为在逻辑上人们不能抗议自己。而米勒认为，这是一种自我安慰的错觉。民粹主义执政并不必定落入自相矛盾。执政的民粹主义者当然会面临种种挑战和失败，但他们总是可以将所有失败都归咎于那些“反人民的精英”的破坏，这就是民粹主义者往往偏爱阴谋论的原因之一。人民必须永远正确，一切失败都是敌人的阴谋所致，而国内或国外的敌人总是取之不尽的。

实际上，在俄国、土耳其、匈牙利和波兰等国，民粹主义政客已经成为执政者。当政的民粹主义者非常注重控制非政府力量。打压民间批评意见当然不仅限于民粹主义政府，但公民社会中存在反对力量的事实，会对民粹主义政客造成特殊的“象征性难题”：这会瓦解他们所宣称的独一无二的代表性。因此，他们竭力需要“证明”所谓的公民社会根本不是公民社会，证明任何民间的反对力量都与“真正的人民”毫无关系。这就是为什么普京、欧尔班和波兰的“法律与公正党”（PiS）总是试图将异议组织“鉴定”为受外来势力操纵或者本身就是外国间谍。为了制造统一的人民，那些抵制代表性垄断的人群必须被禁声或名誉扫地，或者促使他们离开自己的国家，将他们从“纯粹的人民”中剥离出去（近几年来，大约有 10% 的波兰人、5% 的匈牙利人移居国外）。

由此，民粹主义政客不仅造就了自己的国家，而且造就了他们一直以其之名发言的同质化的人民，民粹主义因此可以成为某种“自我实现的预言”（self-fulfilling prophecy）。在此存在着一个悲剧性的反讽：当权的民粹主义者恰恰犯下了他们当时所指控的精英犯下的那种政治罪：排斥公民和篡夺国家，他们最终会做出所谓建制派的行径，只不过更带有合理化辩护或自觉意识。因此，以为“大众反叛”的民粹主义领袖有可能改善民主的想法是一种深刻的幻觉，民粹主义者不过是另一种类型的精英，他们试图借助政治纯粹性的集体幻象来掌控权力。

那么，应当如何应对民粹主义势力的蔓延？米勒对此并没有完整的方案，但提出了几点明确的主张。第一，需要防止对民粹主义一词的滥用。不应当将美国的桑德斯（Bernie Sanders）、英国的科尔宾（Jeremy Corbyn）、希腊左翼联盟（Syriza）和西班牙左翼政党“我们能”党（Podemos）与特朗普、法拉奇和埃尔多安混同为一个类别，统称为民粹主义。因为只有后者才宣称自己是“真正的人民”的唯一代表，而前者承认社会的政治多元性，并在此基础上试图重塑社会民主。第二，应该认清民粹主义者们对民主的威胁，而不是夸大他们对精英权力有益的矫正作用。当然，同时需要在政治上与民粹主义者接触，而且不是援用民粹主义那种排斥和妖魔化的方式来对待民粹主义者。第三，需要将民粹主义政客与其支持者区别开来。民粹主义者虚构了“真正的人民”及其“统一的意志”，但他们触及的政治问题并非完全虚构：西方国家日益严重的不平等，以及许多公民被排除在政治进程之外，这些都不是杜撰的问题。那些支持他们的民众也并不只是受到煽动蛊惑，陷入非理性的情绪爆发。理性与情绪的分野本来并不那么泾渭分明，情绪当然可以有理由，这不意味着我们必须接受所有这些理由，但宣称所有民粹主义的支持者都只是被“愤怒驱使”，那将永远无法对他们的理由展开真正严肃的讨论。最后，必须直面“我们时代特有的真实冲突”，主要不是所谓“精英对峙人民”的冲突，而是更为开放的倡导者与某种封闭的支持者之间的冲突。这种冲突包含着切实的利益关切，应当让贸易协议等政策转向更有利于工薪阶层，由此赢得选民的支持。当然，这只是抵制民粹主义战略的一部分。米勒告诫说，利益之战并不是一切，“自由主义者也必须踏入身份政治的危险领地”，必须打破民粹主义编造的“纯粹的人民”的幻象，并塑造一种“更有吸引力的、最终是多元主义的英国性和美国性的概念”。

米勒的著作获得了广泛的赞誉，自然也受到了一些批评和质疑。比如，耶鲁大学的斯坦梅茨—詹金斯（Daniel Steinmetz-Jenkins）教授指出，米勒的著作深受反极权主义的民主思考影响，尤其是勒福尔（Claude Lefort）和罗桑瓦隆（Pierre Rosanvallon）的著作。因此他对民粹主义的理解建基于反极权主义的理论，而这种理论所针对的敌人如今已不复存在。这使得米勒完全没有触及民粹主义与宗教之间的重要关系。* 爱丁堡大学的沙巴尔（Emile Chabal）教授认为，米勒的研究注重民粹主义的形式特征而忽视了其实质内容。各种民粹主义在道德宣称的垄断性上具有形式相似性，但其内容的合法性来源相当不同，有些诉诸超验的宗教信仰，有些标举传统，有些则依据“国家”或“革命”等世俗观念的话语建构。如果对民粹主义意识形态的实质内容缺乏分析，那就无从解释为什么有些民粹主义者能成功，有些则不能，虽然他们同样都声称“代表人民”。**

对于民粹主义的历史、理论与实践的研究已经有六十多年的历史，近几年尤其活跃。*** 米勒这本小书的论述既不是全面系统的，也未必足够深入，但它有一个突出的特

* Daniel Steinmetz-Jenkins, “The Logic of Populism,” *Dissent*, Vol.64, No.2 (Spring 2017).

** Emile Chabal, “Book review on *What is Populism*?” *Intellectual History Review*, Vol.27, No.4 (2017).

*** 许多学者认为，“民粹主义”作为一般性概念的研究始于爱德华·席尔斯（Edward Shils）的论文《民粹主义与法治》(“Populism and the Rule of Law”)，是 1954 年 4 月他在芝加哥大学法学院一次学术会议上宣读的。见 J. B. Allcock, “‘Populism’: A Brief Biography,” *Sociology*, Vol.5, No.3 (1971)。

点，那就是（如其书名所示）对澄清“什么是民粹主义”做出了富有启发性的阐释，并由此针对当下的政治现象提出许多敏锐而深邃的批判分析，这是这本书获得广泛影响的原因，也是值得读者思考与借鉴的价值所在。

我从“人民”这个词中看到的唯一语意是“混合”，如果你把“人民”这个词换成“数字”和“混合”，你会得到一些非常奇怪的词……“主权混合”、“混合的意志”等。

——保罗·瓦莱里

一切权力都来自人民。但人民去了哪里？

——贝尔托·布莱希特

目　录

导　论
人人都是民粹主义者吗？

在当代人的记忆中，从未见证过任何一次美国大选像2015年到2016年正在展开的这场选举一样，如此频繁地调动起了“民粹主义”。唐纳德·特朗普和伯尼·桑德斯都被贴上了“民粹主义者”的标签。这个词常常被用作“反建制”的同义词，似乎与任何特定的政治观念无关；相对于态度而言，它的内容其实不重要。因此，这个词首先与特定的情绪和感受联系在一起——民粹主义者都是“愤怒的”，民粹主义者的选民都是“失落的”，或饱受“怨恨”之苦。类似的论断也同样被用于评价欧洲的政治领袖和他们的追随者：例如，玛丽娜·勒庞和海尔特·维尔德斯通常被称为民粹主义者。这两位政客明显都是右翼。但是，正如以桑德斯为代表的现象一样，左翼的搅局者们也常被贴上民粹主义的标签：如希腊的激进左翼联盟，一个于2015年1月上台执政的左派同盟，以及西班牙的“我们能”党，一个与前者一样坚决反对安吉拉·默克尔应对欧债危机的紧缩政策的政党。这两个政党，尤其是“我们能”党，强调自己受到了拉丁美洲常被称为“粉色浪潮”的鼓舞：诸如拉斐尔·科雷亚、埃沃·莫拉莱斯，尤其是乌戈·查韦斯等民粹主义者的成功。但是，所有这些政治人物究竟有什么共同之处？如果我们认同汉娜·阿伦特关于政治判断力就是进行合理区分的能力这一观点，那么在谈及民粹主义时将左右两派合并讨论的普遍做法就应令我们迟疑。把种种不同的现象都一律判定为“民粹主义”，难道不正是政治判断力的衰败吗？

本书首先认为，面对种种关于民粹主义的论述（保加利亚政治学家、当今最敏锐的民主生活分析家伊万·克拉斯泰夫甚至将我们的时代称为“民粹的年代”），我们完全不清楚自己是否了解所谈论的对象。[1] 我们完全没有任何关于民粹主义的**理论**，我们在判定某个政治人物何时变成真正意义上的民粹主义者时也缺乏统一的标准。总而言之，所有政客，尤其在选举主导的民主国家里，都需要诉诸“人民”，都需要使自己讲的故事令尽可能多的民众理解，都需要对“普通民众”的想法尤其是感受保持敏感。一个民粹主义者可能是一个成功但不受人民喜爱的政治家吗？“民粹主义”这一指控本身可能是民粹主义的吗？或者归根结底，正如克里斯托夫·拉什所坚称的那样，民粹主义会是“民主真正的声音”吗？

本书试图帮助我们认识和对待民粹主义。这一目标将以三种方式实现。首先，我想要说明什么样的政治人物符合民粹主义者的条件。我认为，**批评精英**只可算作成为民粹主义者的必要条件，但不是充分条件。否则，例如希腊、意大利或美国等国中任何批评现行体制的人都符合民粹主义者的定义。以及，不管人们如何看待激进左翼运动、贝佩·格里洛反建制的五星运动或是桑德斯，就事论事来说，很难否认他们对精英的攻击经常是正当的。况且，如果批评现在的精英就足以符合民粹主义，那么几乎每一位美国总统候选人都是民粹主义者——毕竟，每个人竞选时都会

“反对华盛顿”。

除了反对精英之外，民粹主义者通常反对多元主义。民粹主义者宣称，他们且唯有他们才代表人民。例如，试想土耳其总统塔伊普·埃尔多安在一次党代会上回击国内众多批评者时所发表的言论：“我们就是人民，你们算什么？”他当然知道他的反对者也是土耳其人。这种排他性的代表权宣示，并非是依据事实经验的，而总是带有明显的道德性质。民粹主义者在竞选公职时常常把他们的政治竞争对手描绘成邪恶的、堕落的精英集团的一分子；他们在执政时则拒绝承认任何反对派的合法性。民粹主义的逻辑同样暗示着凡是不支持民粹政党的人都不是严格意义上人民的一员——人民永远被定义为正义的、道德纯洁的。简而言之，民粹主义者不会宣称“我们是99%”，他们实际表达的则是“我们是100%”。

对民粹主义者来说，以下等式永远成立：任何他们以外的人都可以被斥为不道德的，从而不是严格意义上人民的一员。换言之，民粹主义总是**某种形式的身份政治**（尽管并非所有类型的身份政治都是民粹主义的）。基于把民粹主义视为某种形式的排他性身份政治这种理解，便可得出民粹主义往往对民主构成威胁。因为民主制度要求多元化，以及承认我们必须要有寻求一种公正准则的共识，使我们作为自由、平等又不乏多样性的公民得以共同生活。将人民视作单一的、同质的、纯洁的观念是一种臆想；正如哲学家尤尔根·哈贝马斯所言，“人民”一词只能以复数的形式出现。这种民粹主义观念更是一种危险的幻觉，因为民粹主义者不仅会借助冲突而得势，煽动极化对立；他们更会将自己的政治对手视作“人民的敌人”，寻求将他们完全排斥在外。

这并非说所有民粹主义者都会把他们的敌人送到古拉格或在本国边境上建一堵墙；然而民粹主义同样也不止步于那些竞选时无关痛痒的修辞，也不仅限于民粹主义者赢得选举后就会偃旗息鼓的抗议言论。民粹主义者还会以民粹主义者的方式执政。这与传统的观念相悖，传统观念认为抗议型的民粹政党在赢得选举之后就会自我消亡，因为显而易见一个人不能在执政后自己抗议自己。民粹主义的治理方式体现出三个特征——挟持国家机器的尝试、贪污腐败与“大众恩庇政治”（通过提供物质利益和体制恩惠换取公民支持，使民众成为民粹主义者的侍从)、系统打压公民社会的行为。许多威权统治者固然也会有相似的行为，但差异在于，民粹主义者会通过宣称只有他们能代表人民以正当化他们的行为，这使他们能够公然从事这些行径。这同时也解释了为什么腐败现象的曝光很少伤及民粹主义领袖（如土耳其的埃尔多安和奥地利极右翼民粹政客约尔格·海德尔）。在追随者的眼中，“他们这样做是为了我们”——为了真正的人民。本书第二章展示了民粹主义者将如何起草宪法（委内瑞拉和匈牙利是最鲜明的例子）。与传统观念认为的民粹主义者更希望通过总统府阳台向赖以依靠的乌合之众直接致辞，以此使自己完全不受制衡的印象相反，民粹主义者实际上常会人为地制造约束，只要这种约束完全服务于其政党利益。这种意义上的宪法并非捍卫多元化的工具，反而旨在消灭多元化。

本书第三章会指出民粹主义崛起的一些深层次原因，尤其是从近年来西方社会经济发展的角度。该章提出了如何有效地回应民粹主义政客及其选民的问题。我反对那种主张对那些“恐惧与愤怒需要被严肃对待”的公民积极施加治疗的家长式自由主义态度，也反对那种认为主流政客应简单效仿民粹主义纲领的看法。而另一个极端，即将民粹主义者完全排除出政治辩论，也并非一个可行的选项，因为这种做法通过将民粹主义者排除在外，呼应了民粹主义者的排外意愿。在此我会提出一些具体的政治纲领，作为回应民粹主义者的替代方案。

四分之一个多世纪以前，一名几乎无人认识的美国国务院官员发表了一篇有名而饱受误解的文章。文章作者是弗朗西斯·福山，标题当然是《历史的终结》。长久以来，语带讥讽地声称历史并未随冷战结束而终结，已成为一个人证明自己思想深度的便捷方法。但福山明显并未预言所有冲突的终结。他仅仅断言自由民主制在理念的层面上已没有其他竞争者。他承认其他的意识形态也许会在各处得到零星的支持，却坚称没有一种意识形态有能力与自由主义制（及自由市场资本主义）全球性的吸引力相竞争。

福山真的错得这么明显吗？激进伊斯兰主义并未对自由主义构成明显的意识形态威胁。（那些捏造“伊斯兰法西斯主义”阴魂的人，展现给我们的更多是他们对清晰划分的敌我界线的渴望，如同冷战时期得势的那些人那样，而非展现当下的政治现实。）而现在时常被称为“中国模式”的国家主导的经济发展制度，作为一种精英治理模式而令一些人备受鼓舞，或许对那些自恃智识超群的人更是有着极大的吸引力。[2]（试想硅谷的企业家。）“中国模式”也因其帮助数百万人摆脱贫困的成就而令人鼓舞——其受众包含但又不限于发展中国家。但是，“民主”依然是最重要的政治财富，重要到能让威权政府花重金雇用游说客和公关专家，以确保国际社会和西方精英们承认他们是真正的民主政体。

然而民主也并非安然无恙。如今民主面临的危险，并非一些系统性否定民主理念的宏大意识形态。这种危险来源于民粹主义，即一种承诺实现民主最高理想（“让人民来统治！”）的堕落的民主形态。换句话说，这种危险来源于民主世界的内部，造成此类危险的政治人物谈论着民主价值中的话语。民粹主义的最终结局会是某种公然反民主的政治形态，这应令所有人感到不安——同时也显示出细腻的政治判断力的必要性，以帮助我们判断民主制度究竟在何处消亡，民粹主义的危局自何处开始。

第一章

民粹主义者的话语

“一个幽灵，民粹主义的幽灵，在全世界游荡。”[1] 吉塔·约内西库和恩斯特·格尔纳在1969年编选的一本文集的“导言”里这样写道。这本著作基于1967年在伦敦政经学院举办的一次大型会议上提交的论文，会议旨在“界定民粹主义”。当时，会议的许多参会者并未就民粹主义的定义达成共识，但阅读会议记录依然能令人受益匪浅。在此之后我们不禁思考，正如现在的情形一样，各种政治焦虑情绪都在与“民粹主义”有关的讨论中被加以阐释。“民粹主义”一词被用于概括许多政治现象，而这些现象初看之下似乎是不相容的。鉴于今天我们依然未对民粹主义的定义达成一致，人们不禁会问，这样一个定义到底是否存在？

早在20世纪60年代末，“民粹主义”一词就出现在对去殖民化运动的争论中，出现在对“农本主义”* 未来的预测中，以及（以21世纪初的视角也许令人惊讶）出现在对共产主义的起源和可能发展状况的讨论中。当今，尤以欧洲为甚，种种的焦虑不安以及远不如焦虑常见的希望，都围绕“民粹主义”一词变得明晰起来。简而言之，一方面自由主义者往往担心，那些反自由主义倾向越发强烈的民众，会落入民粹主义、民族主义甚至是赤裸裸的仇外情绪的圈套；另一方面，民主理论家担心所谓“自由主义技术官僚专政”的兴起，换句话说，国家由一群技术精英“负责任地治理”，却有意识地对普通公民的意愿充耳不闻。[2] 用荷兰社会科学家卡茨·穆德的话说，民粹主义可谓是一种“以反自由的民主方式，对反民主的自由主义的回应”。民粹主义被视为一种威胁，同时又被视为一种对已远离“人民”的政治的潜在矫正方式。[3] 这或许就是本杰明·阿迪蒂所描摹的那幅阐释民粹主义与民主之间关系的深刻图景。

* 农本主义是一种鼓吹政权应当由农民阶层掌握的政治思潮，常见于第二次世界大战后新近独立的亚非拉国家。——译注

阿迪蒂认为民粹主义就像晚宴上一位喝醉的客人，他毫不理会餐桌礼仪，举止粗鲁，甚至“与别人的妻子调情”。但同时，他也会毫不顾忌地指出关于自由民主制的真相：自由民主政体已逐渐忘却了其创立之初人民主权的理念。[4]

在美国，“民粹主义”一词常常与正统的平等主义左翼政治联系在一起，这种理念常常与民主党的立场发生潜在冲突。在民粹主义者眼里，当今的民主党已变得过于中间派，与前文讨论欧洲的状况类似，它已经被一群技术官僚（甚至是财阀）所挟持。简而言之，那些捍卫“大马路（Main Street）”* 对抗“华尔街”的人，常常会被誉为（或斥为）民粹主义者。这种民粹主义的定义同样适用于体制内的政客，例如纽约市长白思豪（Bill de Blasio）和马萨诸塞州参议员伊丽莎白·沃伦（Elizabeth Warren）。在美国常常能听到人们提及“自由民粹主义”，然而在欧洲这是一个明显的自相矛盾的表述。这是由于大西洋两岸对“自由主义”和“民粹主义”两个词的理解差异所致。[5] 众所周知，

* 大马路是美国小城镇常见的主干道名称，常常用来比喻普通民众和草根阶层。——译注

在北美“自由主义”与“社会民主主义”的意思类似，而“民粹主义”指的是这种思潮中较为坚定的一派。与之相反，如果“自由主义”在欧洲意味着对多元主义的尊重和一种民主制度必须受到制衡与约束（概括地说就是对民意的制衡）的理念的话，那么“民粹主义”就绝不可能与它连用。

仿佛这些相同词汇的不同政治用法还不够令人困惑一样，在金融危机之后涌现出的新兴运动，尤其是“茶党运动”和“占领华尔街”* 使问题更加复杂化了。两者都被频繁地描述为民粹主义，以至于竟有人建议建立一个批判主流政治的左翼和右翼的联合阵线，而将“民粹主义”视为其潜在的共同特征。这种奇妙的左右对称感，也因为媒体对 2016 年美国总统大选所进行的广泛报道而得到了进一步加强：唐纳德 · 特朗普和伯尼 · 桑德斯两人都被认为是民粹主义者，而他们一个是左派，一个是右派。我们常听人说，两人至少有一个共同点，就是他们都是“对抗体制的反叛者”，都得力于公民的“愤怒”、“沮丧”与“憎恨”。

* “茶党运动”是 2009 年奥巴马执政后，以反对增税、反对增加政府开销为主要诉求的右翼运动；“占领华尔街”是 2011 年起，部分美国人抗议大企业和金融巨头的贪婪和社会不平等的草根社会运动。——译注

民粹主义明显是一个政治上饱受争议的概念。[6]职业政治家们自己清楚，围绕该词意义的争论与他们利益攸关。例如在欧洲，所谓的“体制内政治人物”热衷于给他们的反对者贴上民粹主义者的标签。但同时，被贴上民粹主义标签的一些人也发起了反击。他们自豪地接受这样的标签，并宣称如果民粹主义意味着为民众服务，那么他们自己就是民粹主义者。我们如何评价此类言论？我们如何区别真正的民粹主义者与那些被贴上民粹主义者标签的人（以及那些从未被称为或自称为民粹主义者，实际却可能是民粹主义者的人）？由于几乎任何事物，左翼、右翼、民主派、反民主派、自由派、反自由派都可被称为民粹主义，我们难道不是面临着一场彻底的概念混乱吗？民粹主义者可以同时被视为民主的朋友和敌人吗？

既然如此，讨论如何进行呢？在本章中我分三步论述。首先，我试图展示为何几种对民粹主义的常见理解方式实际上是行不通的：一种是着重于选民感受的社会心理学角度；一种是关注特定阶层的社会学分析；一种是对政策方案成效的评估。这三种视角对理解民粹主义都有一定帮助，但都无法有效地描述民粹主义是什么，与其他现象大致有什么区别。（聆听政治人物的自我描述同样也没有帮助，就好像一个人自称为“民粹主义者”就会自动成为民粹主义者一样。）我将以一种完全不同的途径来理解民粹主义，以替代上述的理解方式。[7]

我认为，民粹主义并不是一种固定成文的信条，而是一类不同主张的集合，这类主张拥有着内在逻辑。当我们考察那种逻辑时，我们会发现民粹主义并非像许多人所言，是矫正一个“被精英过度操纵”的民主政体的有效工具。那种认为自由民主制包含着一种制衡机制，在这制衡机制中我们可以选择多一点自由或多一点民主的观点，从根本上讲是误导性的。毋庸置疑，民主制度可以在诸如全民公投的可能性和频繁度，以及法官是否有权废止议会压倒性通过的法案等问题上存在合理的差异。但是，那种认为鼓动起可能被精英们忽略的“沉默的大多数”对抗民选政客就能让我们更接近民主的观点，不仅是一种幻觉，更是一种政治上十分危险的想法。民粹主义像是现代代议民主制的永远的阴影，也是一种持久的威胁。明白民粹主义的本质能帮助我们认清民粹主义独有的特征，并且从一定程度上认清我们身居其中的民主政体的缺陷。[8]

理解民粹主义：不通之途

在一定程度上将民粹主义视为“进步”或“草根”的观念，几乎是一种美洲（北美、中美和南美）现象。而在欧洲，我们会发现一种截然不同的，受制于历史因素的对民粹主义的成见。欧洲民粹主义在自由派评论家口中基本上是与不负责任的政策和各种形式的政治煽动联系在一起的（“煽动大众”和“民粹主义”常常互换使用）。正如拉尔夫·达伦多夫曾言，民粹主义很简单，但民主政治很复杂。[9]更特别的是，“民粹主义”与政府债务的累积存在长期的联系，这种联系占据了近来对希腊激进社会主义运动和西班牙“我们能”等政党的讨论，两党皆被许多欧洲评论家归类于“左翼民粹主义”的例证。

民粹主义也常被认为与某个特定的社会阶级，尤其是与小资产阶级相关。直至农民和农场主从欧美的政治想象中消失之前（我认为约在1979年前后），民粹主义也与那些从事土地耕作的人们相连。这从社会学上说似乎是一个可靠的理论（诚然，阶级是建构出来的，但阶级也可以基于经验被相对精确地划分）。这种解释方式通常伴随着源于社会心理学的一套附带标准：那些公开拥护民粹主义主张的人，特别是那些将选票投给民粹政党的人，被认为受到了"恐惧"（对现代化、全球化的恐惧），或是"愤怒"、"沮丧"与"憎恨"的情绪驱使。

最后，在欧美两地的历史学家和社会科学家中存在着一种趋势，即声称阐释民粹主义的最佳途径是通过考察过去某时曾自称为"民粹主义"的政党与社会运动的共同点。然后，他们便可从相关历史参与者的自我描述中解读出所讨论的"主义"的相关特征。

在我看来，这种种观点，或是这些看似明确的经验性判定标准，都无助于我们形成对民粹主义的概念。鉴于这些观点传播范围之广，也鉴于我们不假思索地运用诸如"中低阶层"、"憎恨"等看似经验性的、中立的判断的频率之高，我愿更详细地阐明我的反对意见。

首先，当我们检验政策的质量时，很难否认某些打着“人民”的旗号以强化自身正当性的政策的确可能是很不负责任的：决定这些政策的人并不足够深思熟虑；他们未能收集所有相关佐证；或者最有可能的是，倘若他们知道这些政策的长远后果，他们便不会实施这些仅在短期内对他们选情有益的政策。一个人就算不是新自由主义技术官僚，也能判断出某些政策完全缺乏理智。试想乌戈·查韦斯之后仓促继任委内瑞拉总统的尼古拉斯·马杜罗，他为了控制通货膨胀而派遣军队闯进电子产品商店，迫使店家在产品上贴较低的价格标签（马杜罗所偏好的通胀理论把“资产阶级寄生虫”视为通货膨胀的主要原因）。再如法国的国民阵线，在 1970 和 1980 年代张贴海报声称：“两百万人失业，是因为过多的两百万外来移民！”这个等式如此简洁，以至于人人都能算得出来，并似乎凭常识就能得知正确的政策解决方案应是怎样的。

然而，我们用这种方法仍然不能为民粹主义的构成要素确立一个标准。因为在公共生活的大多数领域，负责任与不负责任之间并没有一条绝对清晰、无可争议的界线。

司空见惯的是，对不负责任的指控本身也是高度充满偏见的（而且，那些被斥为不负责任的政策，几乎都惠及那些处境最差的人们）。[10]无论如何，围绕“负责任”与“不负责任”这一主题展开的政治辩论引出了以下问题：负责任是基于什么样的价值和立场而言的？[11]自由贸易协定（举一个简明的例子）如果基于国内生产总值最大化这一立场而言是负责任的政策，但它对财富分配造成的后果，在其他价值观中也许会被视为不可接受的。这场辩论进而必须探讨一个社会整体的价值立场，也许还将讨论不同的经济理论所带来的不同收入分配差异。将民粹主义和负责任的政策对立起来，只会掩盖真正重要的问题。这也会是一种把对特定政策的批评加以污名化的十分便捷的方式。

将特定的社会经济群体视为民粹主义的主要支持者并加以关注也不无误导性。许多研究也发现，这种论断从经验的角度来看也十分可疑。[12]不太显而易见的是，此种观点常常来源于现代化理论中一系列已被证伪的设想。确实在许多实例中，支持那些起初被称为民粹主义政党的选民都共同拥有特定的收入与教育背景：尤其在欧洲，那些把票投给通常被视为右翼民粹政党的选民，往往收入和受教育程度较低（他们同时绝大多数都是男性。这一发现同样适用于美国，但并不适用于拉丁美洲）。[13] 但是这一图景并非常常真实。正如德国社会科学家卡琳·普里斯特所指出的，经济上成功的公民经常采取一种基于社会达尔文主义的态度，通过切实地追问“既然我成功了，为什么他们不能？”来合理化他们对右翼政党的支持（试想那些声称“需要再分配的是我的职业道德”的茶党标语）。[14] 至少，在法国和奥地利等国家，民粹主义政党已变得十分壮大，这让它们实际上像过去所称的“全民政党”，这些政党主要吸引大批的工人，但它们的选民也来自许多其他领域。

许多调查显示，一个人的社会经济状况和他对右翼民粹政党的支持通常完全没有相关性。因为支持后者正是基于一个人对本国状况的全面得多的评价。[15] 将一个人对国家衰落或面临危险的认知（“精英正在掠夺我们自己的国家！”）简化为个人的恐惧和“焦虑的状态”是具有误导性的。许多民粹政党的支持者实际上对他们自己关于政治状况的思考（甚至他们自己的研究）感到自豪，并否认他们的立场仅是出于一己之私，或受到情感操纵。[16]

我们在使用诸如“沮丧”、“愤怒”尤其是“怨恨”等诱导性的名词解释民粹主义时确实应非常谨慎。原因至少有二：第一，尽管评论家们在采用**怨恨**这样的术语时，也许不会在脑中下意识地重温尼采的《道德谱系学》，但很难想象一个人能完全回避**怨恨**一词所自带的特定内涵。那些饱受怨恨困扰的人必定是弱小的，尽管在尼采的分析中，受怨恨折磨的人往往会变得富有创造性，弱者中最聪明的一部分人会通过重排人类价值观的等级以战胜强者。但怨恨者仍受制于他们自身的低下和**被动**的特质。[17] 他们因强者而感到痛苦，并把这种感受深藏心底。他们对自身的认识因此完全依赖于强者，因为他们最终渴望被强者以适当的方式认可。从这种意义上说，怨恨者永远不会有任何自主的行为。他们必须不停就自身境况欺骗自己，尽管他们永远都不能完全信服他们自己的谎言。正如马克斯·舍勒所言，怨恨使人类缓慢地毒害自己的灵魂。[18]

当下也许有人真的相信，所有戴着绣有“让美国再次伟大”的棒球帽的人们的确是心存怨恨。或者那些把票投给民粹政党的人都拥有威权人格或社会心理学家所称的“低亲和性人格”。[19] 但是这些人至少需要面对这种经过心理学诊断的政治后果，也就是说，他们实际上证明了那些人对“自由主义精英”的认知：自由主义精英不仅极度傲慢，而且根本未能践行自己的民主理念，因为他们不仅不能接受普通民众的观点，反而倾向于开出政治药方来消除民众的愤怒与怨恨。然而一个简单的事实是，“愤怒”和“沮丧”虽并不能清楚表达意思，但它们也并不仅是与思想完全脱离的“单纯的情感”。愤怒和沮丧的背后总有**原因**，大部分人都能以种种形式阐明这些原因。[20] 当然，这并不是说这些原因都是合理的，应该被原原本本地接受。那种被辜负的感受和“有人夺去了我们的国家”的情结当然并非是天生合理的。但把讨论完全转移到社会心理学的范畴（把愤怒、沮丧的民众视同政治诊所里的潜在病人来对待）则忽略了诉诸理性这一民主的基本义务。这些看似受到启蒙的自由派似乎再现了他们 19 世纪著名先辈的排他性姿态，即对扩大选举权忧心忡忡，因为大众太过于情绪化，以至于他们无法负责任地行使选举权。

当前就算有人要断言，无论如何都不应阻止精英批评普通民众的价值取向，把一类政治理念的具体内容与支持者的社会经济状况及心理状态混同起来，依然是十分不合常理的。这就好比说，理解社会民主主义的最好方法，是将其选民重新描述为嫉妒富人的工人。民粹主义支持者的背景对于我们思考这种现象当然很重要。但是，把民粹主义这一整体现象解读为所谓“现代化进程中的失败者”的缺乏条理的政治表达，不仅十分自以为是，同时也并不成为一种解释。

那么，为什么我们中的许多人仍然依赖这种解释呢?因为在有意无意间，我们不断地沿用着一系列源自 1950 年代至 1960 年代盛行的现代化理论的假设。尽管许多政治理论家和社会科学家在问起时会说现代化理论已被完全驳倒，但这种影响依然真实存在。正是那些诸如丹尼尔·贝尔、爱德华·席尔斯、西摩·马丁·利普塞特的自由主义知识分子（他们都是马克斯·韦伯的门徒）在 1950 年代期间，开始将他们认为的“民粹主义”描绘成那些渴望更简单的“前现代”生活的人们无助地表达焦虑与愤怒的方式。[21] 例如，利普塞特提出民粹主义对那些“满腹牢骚、心灵无所归依……个人受挫、社交上孤独、经济上缺乏安全感、受教育程度低、胸无城府、拥有威权人格的人”充满吸引力。[22] 这些社会理论家的首要讨论对象是麦卡锡主义和约翰·伯奇协会，但他们这一论断同样可以拓展到19世纪末美国最初的民粹主义骚乱。例如，维克多·C. 费基斯将农民联盟和平民党视作一种不亚于美式法西斯主义独特变种的萌芽。[23] 这种论点并非无可辩驳，但其背景假定依然在当今许多社会和政治评论家中存在。[24]

最后，还有一种观点认为，民粹主义一定与那些第一批自称为民粹主义者的人有关。回想下19世纪末俄国narodniki（民粹派）和他们的Narodnichestvo（通常被翻译为民粹主义）。俄国民粹派是那些把俄国农民理想化，并把乡村公社视为整个国家政治模式的人。他们还主张“向人民”寻求政治建议和指导。（像许多城市知识分子一样，他们发现“人民”既不像他们希望的那样欢迎他们，也不认可知识分子从他们所谓的“纯粹的生活方式”中推导出的政治处方。）

对许多观察者而言，19 世纪末某种被称为“民粹主义”的思潮同时在俄国和美国出现，一定存在某种原因。两场运动都与农场主和农民相关这一事实造成了一种观念（至少直到 1970 年代都盛行），这种观念认为民粹主义与小农思想密切相关，或者说民粹主义必然是那些反动的、经济滞后的群体在迅速现代化的社会中的反叛。

尽管这种关联现在已经基本消失，“民粹主义”在美国的特定起源仍然提醒着许多观察者，民粹主义必须至少在某种程度上“属于大众”，意味着需要照顾处境最差的人，或把遭排斥的人们引入政治之中——对拉丁美洲稍作观察便可印证这样的现象，在这片全球经济最不平等的大陆上，民粹主义的倡导者都强调民粹主义的包容与解放的特征。

诚然，我们不能简单地下令禁止这样的关联：历史的话语就是其本身，而且正如尼采教导我们的一样，只有无历史的事物才能被定义。但是政治与社会理论同样也不能仅仅基于某种特殊的历史经验。例如，不能假定各种形式的民粹主义都要符合美国平民党的样板。[25] 我们需要允许某种对民粹主义的恰当理解方式，它可能最终会将某些公开自称为民粹主义的历史运动与人物排除在外。几乎毫无例外，历史学家（或是那些关心历史现象的政治理论家）都不会认为仅仅因为纳粹主义者自称为社会主义者，恰当理解社会主义的内涵就需要为国家社会主义让路。然而，为了决定什么样的历史经验确实合乎某种特定的“主义”，我们首先当然要对那种特定的“主义”持有一种理论。那么，什么是民粹主义呢？

民粹主义的逻辑

我认为，民粹主义是一种特定的**对政治的道德化想象**，是一种在政治领域内一群道德纯洁、完全统一，但在我看来纯属虚构的人民，对抗一群被视为腐败的，或其他方面道德低下的精英们的认识方式。[26] 批评精英是符合民粹主义者的必要条件但非充分条件。否则，任何国家中任何批评当权者与现行体制的人都会被界定为民粹主义者。除了反精英之外，民粹主义通常也反对多元主义：民粹主义者主张，他们**且仅有他们**能代表人民。[27] 在他们未当权时，他们会说其他的政治竞争对手不过是道德低下的精英阶层的一部分;在他们主政时,他们绝不会承认有任何的合法反对派。这一民粹主义者的核心主张同时也暗示,任何不真正支持民粹政党的人首先就不会是严格意义上的人民的一部分。用法国哲学家克洛德·勒福尔的话说,首先需要把所谓真正的人民从实际公民全体中"抽离"出来。[28] 这种理想化的人民被假定为道德上无瑕、意志永远正确。

民粹主义随着代议制民主的出现而崛起,它是代议制民主的阴影。民粹主义者执迷于政治学家南希·罗森布拉姆所说的"整体主义",即认为政治共同体不应再分裂,人民有可能成为一个整体,并且全体人民有可能拥有一位真正的代表。[29] 所以民粹主义的核心主张,是一种道德化形式的反多元主义。不致力于这一主张的政治人物就不是民粹主义者。[30] 民粹主义需要一套以部分代替整体的论据,和一种排他性的代表权主张,这两者都应理解为道德层面上的而非经验层面上的。[31] 换言之,如果没有人借全体人民的名义发表言论,民粹主义就不会存在。试想乔治·华莱士在亚拉巴马州州长就任典礼上臭名昭著的表态:"以在这片土地上生存过的最伟大人民的名义，我已经退无可退，在暴政面前做好了决斗的姿态……我宣布……今天要种族隔离，明天要种族隔离，永远要种族隔离。”[32] 种族隔离不会永久持续下去，但是华莱士的话无疑永远损害了他的声誉，这句话明显是种族主义的。然而这种修辞方式显示出华莱士是一个民粹主义者，尤其在于他“以在这片土地上生存过的最伟大人民的名义”发言的这种排他性的论调。究竟是什么给了亚拉巴马州州长这种权利，让他以全体美国人的名义发言呢？——当然，这一全体美国人的范畴不包括“暴政”的拥护者，这明显指代肯尼迪政府和所有致力于结束种族隔离的人。更进一步说，是什么让他有资格宣称“真正的美国”就是他所谓的“伟大的盎格鲁—撒克逊南方州”呢？[33] 显然，美国所有好的、货真价实的事物都是南方的，这一点当他大声宣称“你们，新英格兰磐石般坚强的爱国主义的儿女们……你们，伟大的中西部顽强的居民们……你们，西部开拓者们熊熊燃烧的自由精神的后代们……我们邀请你们与我们站在一起，因为你们拥有着南方的思想、南方的精神、南方的哲学。你们也是南方人，是与我们并肩战斗的兄弟”时，似乎能看得出来。临近演讲结尾，华莱士宣称几乎所有建国之父都是南方人。[34]

这就是民粹主义最核心的主张：只有一部分人才算真正的人民。试想奈杰尔·法拉奇庆祝英国脱欧投票获胜时，声称这是一次“真正的人民的胜利”（从而将48%的反对英国退出欧盟的选民当作某种程度上不够真正的人民，或者更直接地说，质疑这些人作为政治共同体中正当成员的地位）。或者再如唐纳德·特朗普的一句评论，鉴于这位纽约亿万富翁发表恶劣的、极具冒犯性言论的频繁程度，这句评论几乎没有人注意到。在5月*的一次集会上，特朗普宣称“唯一重要的事是人民的团结，因为其他的人毫无意义”。[35]

自古希腊罗马时代，“人民”一词就至少有三种含义：第一种，作为整体的人民（也就是说，一个政治体的所有成员，或是过去所称的“政治有机体”）；第二种，“平民老百姓”（共和国中由平民所组成的一部分，或者用当代的话说，那些被排斥、被压迫、被遗忘的人们）；第三种，纯粹

* 指2016年5月。——译注

以文化的角度来理解的，作为整体的民族。[36]

说所有迎合“人民”的人都符合民粹主义的定义是完全不充分的。把人民理想化（试想巴枯宁所言，“人民是道德真理的唯一来源……我所心系的，是那些未受到资产阶级文明荼毒的恶棍、刁民们”）并不一定是民粹主义，虽然俄国 19 世纪的“民粹派”完全是用这种方式理解民粹主义的。不太显而易见的是，对“普通民众”或被排斥的人们的声援（就算其中包含了对精英的明确批评）也不足以成为民粹主义的充分证据。一个政治人物或一场政治运动要符合民粹主义，必须要主张民众的一部分才算人民，唯独民粹主义者自己才能合理地识别并代表真正的人民。放在源自古罗马的话语中，为平民（“普通的民众”）的利益而奋斗并不是民粹主义，但声称唯有平民（与贵族相对立，更不用说奴隶）才算是罗马人民（而且仅仅某一特定类别的人民才能恰当地代表真正的人民）才是民粹主义。同理，在马基雅维利的佛罗伦萨，为平民阶层反对贵族阶层而斗争本身并不自动构成民粹主义，但说贵族阶层不属于佛罗伦萨，毫不考虑他们做了什么、说了什么，便是民粹主义。

民粹主义者从是否工作和是否腐败两个角度来理解政治道德。这让许多观察家将民粹主义和一种被称为“生产主义”的独特意识形态联系在一起。[37]民粹主义者将纯洁的、无辜的、勤劳工作的人们，与一群实际并不工作（除了攫取自身利益之外）的精英对立起来，而在右翼民粹主义中，又把他们和社会的最底层对立起来（那些没有实际工作，像寄生虫一样靠别人劳作而活的人们）。在美国历史上，试想安德鲁·杰克逊的拥趸是如何既反对上层“权贵”，又反对居于他们之下的印第安人和奴隶的。[38]右翼民粹主义者常常宣称他们认清了那些并非真正属于人民的精英阶层与异于人民的边缘化群体之间的共生关系。在20世纪的美国，这两个群体通常一方是自由派精英，另一方是少数族裔。围绕巴拉克·奥巴马的出生证明展开的争议，让这样的逻辑显得清晰和明显到了几乎荒唐的地步。同一时刻，这位总统在右翼人士的眼中得以同时体现出“东西海岸的精英”和非裔美国人这一他者身份，而这两者都并非属于正统的美国。这也有助于解释那些“出生怀疑论者”在证明奥巴马不仅从象征意义上是不正当的当权者，而且明白无误就是一位非法总统（一个利用欺诈篡夺了这个国家最高公职的“非美国”的人物）这件事上所表现出的超乎寻常的偏执。（这种偏执远远超过了1990年代右翼人士把比尔·克林顿称为“你们的总统”的趋势，尽管这种把行政首脑视为完全非法的动机是相似的。）[39] 我们也可以试想中欧和东欧剧变后的精英与罗姆人一类的少数族裔，或是意大利的“共产主义者”与非法移民之间的共生关系（根据席尔维奥·贝卢斯科尼的说法）。对于前者，中东欧的自由派精英并非真正属于人民，因为他们勾结欧盟一类的外界势力，并认同那些与真正的祖国离心离德的理念。而罗姆人（欧洲最受歧视的少数族裔）本来在国家里就没有正当的地位，例如，匈牙利的尤比克党常常把“政治家的罪行”与“吉普赛人的罪行”相类比。[40]

民粹主义者所倡导的政治的道德化观念，清楚地依据一些准则以区分道德与不道德、纯洁与堕落，以及特朗普口中的重要的人和“毫无意义的人”。但这种区分并非必然基于拥有工作与否。如果“工作”最终不能明确划分两者，种族的标签便可以随时贴上以补救。（当然，种族主义思想常常把种族和是否懒惰等同起来，却不用明确点明这种等同：没人会把“福利女王”* 们想象成白人。）然而，认为民粹主义一定是某种形式的民族主义或族群沙文主义是错误的。民粹主义者区分道德与不道德有种种方式。必须始终存在的是某种区分道德纯洁的人民及其对立面的标准。将人民视为高尚的假定，同时也把民粹主义者和其他反多元主义的政治人物区分开来。例如，列宁主义者和极度不宽容的宗教势力，并不会把人民看作道德纯洁且意志永远正确。并非所有拒斥多元主义的人都是民粹主义者。

民粹主义者究竟宣称自己代表什么？

与传统观念相反，民粹主义者并不必然反对代议制的理念。相反，他们会积极支持某种特定形式的代议制。民粹主义可以接受代议制，只要真正的代表们为真正的人民代言、做出正确的判断并据此做出正确的事。

* “福利女王”在美国俚语中指的是无所事事，靠社会救济为生的女性，在人们的刻板印象中常常为黑人和单身母亲的形象。——译注

除了要决定究竟谁属于人民，民粹主义者还要由此谈论一些关于真正的人民究竟想要什么的实质内容。他们实际的主张是，存在一种单一的、公共的利益，人民能够辨别、期待它，政客或政党（可能性较小的是一场政治运动）能够毫无保留地通过政策来贯彻这种利益。[41] 就这一方面而言，正如卡斯·穆迪和克里斯托巴尔·罗维拉·考特瓦瑟在他们关于民粹主义历史案例的重要论著中所指出的，民粹主义通常或多或少都有些“卢梭式”的论调，尽管民粹主义和卢梭的民主理论之间存在着重大差异，我将在后文阐述。[42] 另外，民粹主义者强调一种单一的公共利益，这种公共利益能用常识来清楚认识，能以单一的正确政策来进行落实，并众望所归，这部分解释了为何民粹主义者常与过分简单化政策难题联系在一起。[43] 例如，匈牙利右翼民粹政党党魁维克多·欧尔班在 2010 年和 2014 年选举前并未参加辩论（他赢得了全部两场选举）。他解释自己拒绝参与辩论的理由如下：

目前并不需要什么涉及政策细节的辩论，我们面前的备选方案是很明确的……我确定你们看

> 过当一棵树倒在路面上，许多人在围观时所发生的情景。一部分人对如何移开这棵树有非凡的主意，他们和别人分享他们优秀的理论并提出建议。另一部分人仅觉得最好的办法就是动身把这棵树从路上移走……我们需要认识到，重建经济并不需要理论，而需要三十个小伙子开始行动起来，去执行那些我们都知道需要做的事。[44]

在这里，欧尔班把正确的政策等同于用常识就可以清楚认识的事。在他看来，需要做什么是一目了然的，那些有关价值的辩论和基于经验性证据的考量，都是不必要的。

然而这些是必要的。我们已经看到，对民粹主义者而言，在他们竞选公职时不可能存在叫合理的竞争的事。因此才有了那些诸如“Abbasso tutti!”（打倒一切！）“¡Que se vayan todos!”（让每个人都滚蛋！）“Qu'ils s'en aillenttous!”（让他们全滚出去）或贝佩·格里洛的“V-Days”（V代表意大利语中“去你妈的”）之类的口号。同理，当他们当权时也不会有一种东西叫合理的反对派。然而，如果他们是人民的唯一合法代表，民粹主义者现在为何并未执掌权力呢？当他们掌权时怎么会有人反对他们呢？这里就涉及了民粹主义者对政治代议的理解中的一个关键方面：虽然他们的论调似乎在支持民主代表人民意愿的观念，但他们实际上依赖着对“真正的人民”的**符号化的**代表（正如“真正的美国人”的说法，乔治·华莱士最爱的词汇）。对他们而言，“人民全体”是现存民主程序以外的一个虚构的实体，是一个同质的、道德上统一的群体，其所谓的意愿足以与民主制度下的现实选举结果抗衡。“沉默的大多数”这一理查德·尼克松著名的（或者说臭名昭著的）论调在民粹主义者中获得如此巨大的市场，并非偶然：假设大多数人不再沉默，早就有了一个能真正代表他们的政府。[45] 如果民粹主义政客在投票中失利，并非因为他们并不代表人民，而是大多数人民还没敢于发声。只要他们居于反对派的地位，民粹主义者总会声称有一群未被纳入体制的人民“存在着”，这些人从根本上反对那些通过实际选举获得权力的当政者，甚至就连民意调查在民粹主义者眼中都无法反映真正的人民意愿。

这种将“人民”超越于所有政治形式与建构之上的观念，在两次世界大战间隙由右翼法律理论家卡尔·施米特进行了影响深远的理论阐释。他的著作与法西斯主义哲学家乔瓦尼·秦梯利的著作一道（当他们宣称法西斯主义能比民主本身更加忠实地实现和贯彻民主的理想时）充当了从民主通往非民主的一座概念化桥梁。[46] 与之相反，诸如奥地利法学家（及民主理论家）汉斯·凯尔森等施米特的反对者则坚称，议会的意志并非人民的意志，而且明确的人民意志这种东西是不可能被认识的。我们唯一能够检验的是选举结果，而所有其他东西，用凯尔森的话说（尤其是“人民”这种能由此推演出超越党派利益的有机统一体），意味着一种“超政治的幻觉”。[47]

在此，**幻觉**一词是合理的。因为全体人民从来不可能被认识或被代表。的确如此，因为人民从来就不是一成不变的，一分钟都不是：有公民死亡，有新的公民出生。但是宣称自己能以这种方式理解人民，总是十分有吸引力的。[48] 当罗伯斯庇尔说他就是人民（从某种程度上沿袭了法国大革命所推翻的君王的逻辑）时，他为自己省了不少精力。很显然法国的革命者从未找到令人满意的象征性方式来代表人民主权的原则：全体人民从来不展现这样的面貌，而那些特定的象征，如弗里吉亚无边便帽、戴王冠的少年、或是赫拉克勒斯，明显都无法服众。雅各—路易·大卫曾想在巴黎新桥上竖立一尊巨大的“人民”雕像，基座由碎裂的王室纪念碑制成，雕像的铜据称要从烧熔的“人民的敌人”的大炮中获取（这一计划被批准，但仅仅只造出了一个模具）。而革命中据称最重要的参与者（享有主权的人民）却成为“法国人的上帝”，意味着它完全无法被代表。（所能展示的仅仅是这些语句：在革命节日里，人们会在各处高举印有卢梭《社会契约论》选段的旗帜。）[49]

既然谈到这里，我们现在也有必要阐明民粹主义者为人民所作的代言与卢梭的人民意志之间的区别。对于后者，人民意志的形成需要实际的公民参与；与之相反，民粹主义者则基于真正的人民意味着什么（例如“真正的美国人”）来猜测人民的意志。民主更多取决于“人民的内在精神（volksgeist）”，而非“公众的民意”（volonté générale），在这种对民主的理解中，起着决定性作用的是“实质”、

“精神”，或更直白地说，“真正的身份认同”，而不是更多的人数。民粹主义者当初似乎代表人民意志的论调，最终却成为了代表某种象征性实体的主张。

但是，有人也许会反对，难道民粹主义者不经常要求更多全民公决吗？没错。但是需要清楚，全民公决对于民粹主义者的真正意义是什么。他们并不希望人民持久地参与政治。全民公决并不意在开展一场真正的公民间的无限期议政，以产生一系列深思熟虑的公众判断，相反，全民公决的目的是采纳那些民粹主义者已判定为真正的民众利益的事物，这些事物属于身份认同的范畴，而非可通过经验证实的集体利益。没有公众参与的民粹主义是一个完全自洽的命题。实际上，如果认为反精英主义意味着权力总是越广泛分散越好，民粹主义者甚至并不是天生反精英主义的。正如上文所提到的，民粹主义不介意代议制，只要他们自己是代表，同理，他们也不介意精英，只要他们自己是领导人民的精英。因此，认为若指出特朗普之类的人物实际上是当下精英阶层（尽管不是狭义上的政治精英）的一部分，就能给他们关键一击的想法是很天真的；这同样也适用于欧洲弃商从政的政客们，如瑞士的民粹主义者克里斯托夫·布洛赫。他们知道自己是精英的一部分，他们的支持者也知道，但真正重要的是他们身为真正的精英，所做出的不会背叛人民信任，会切实忠诚地行使人民清晰提出的政治议程的承诺。

因此，当权的民粹主义者（我将在下章展开讨论他们）常常对于消极的民众采取一种“看护人”的态度。试想贝卢斯科尼在意大利的统治：理想的情景是贝卢斯科尼的支持者舒服地待在家里看电视（最好是贝卢斯科尼旗下的频道），然后把国家大事留给贝卢斯科尼本人去处理，他会像运营一个大商业公司（有时被称为意大利公司）一样成功地管理好国家。并不存在去广场亲身参与政治的必要。再试想匈牙利自2010年起的第二届欧尔班政府，该政府起草了一部似乎合法的宪法（在某些虚假的“全国性磋商”过程之后），却并不觉得有将该宪法付诸人民公投的必要。

我们同时也更能理解为什么民粹主义者经常与人民订立“契约”（有强烈民粹主义色彩的瑞士人民党是如此，贝卢斯科尼和海德尔也是如此。在美国，有人也许会记得纽特·金里奇的《与美国立约》政纲）。[50]民粹主义者认为“人民”会用一种声音说话，他们会进行某种强制委任来明确地指示政客在政府中应如何治理（与自由委任相对，在自由委任之下民意代表需要运用自己的判断力）。因此，并不存在辩论的真正必要，更不需要国会或其他的全国性议会里那些繁复的拉锯性协商。民粹主义者自始至终总是真正人民的忠实代言人，且已经制定好了这一契约的条款。然而，事实是这种强制委任根本并非切实来自人民，其中看似详细的人民的指示，是建立在民粹政客的解读之上的。政治科学家早就指出，一个完全明确的、单一的“人民意愿”是一种幻觉，[51]而且无人能可靠地宣称（正如胡安·庇隆曾言）“政治领袖就是落实人民愿望的那个人”。[52]不那么显而易见的是，假如存在这样一种人民意愿，它实际上会弱化民主制度的问责机制。民粹主义者总会把责任推回人民：“我们原原本本地行使了你们的意愿，是你们授权我们这么做的。如果一旦出错了，就不是我们的错。”与强制委任相对，自由委任在选举期间（即问责的时机）来临之时，会让民意代表为自己如何运用政治判断力进行辩护。民粹主义者喜欢宣称自由委任制在某种程度上是不民主的，事实则恰巧相反，而且那些阐明了民意代表职责的民主制宪法，都选择了自由委任而非强制委任，这并非一个偶然。

原则性、道德化的反多元主义和对体制范畴外的“人民”概念的依赖，也有助于解释为什么当民粹主义者在实际选举中失利的时候，常把“道德上正确的”选举结果与一场选举的实际结果对立起来。试想维克多·欧尔班在输掉2002年匈牙利选举时所宣称的“这个民族不可能反对”；安德烈斯·曼努厄尔·洛佩斯·奥布拉多尔在2006年墨西哥总统选举中失利后所宣称的“右派的获胜在道德上是不可能的”（并宣称自己才是“墨西哥的合法总统”）[53]；茶党的爱国者声称一位赢得了多数选票的总统是在“违抗多数人进行统治”。[54]进而还有海尔特·维尔德斯的例子，他将荷兰下议院称为充斥着“伪政客”的“伪议会”。到了最后，还有唐纳德·特朗普在每次初选中的失利时都指控对手舞弊，并先发制人地宣称整个体制（包括共和党全国代表大会本身）都是“受人操纵的”。简而言之，问题从来不会出在民粹主义者不能够完善地代表人民意愿上面，导致错误结果的总归是政治体制。所以，尽管体制看似十分民主，在幕后一定发生着某些事使腐败的精英不断地背叛人民。因此，阴谋论并不是民粹主义话语中新奇的附属之物，它们植根于且壮大于民粹主义的自身逻辑。

民粹领袖

第一眼看上去，许多民粹主义者似乎印证了他们“和我们一样”，他们是“人民之中的男人（和女人）”这样的期待。然而有些民粹领袖明显不属于此类描述之列。唐纳德·特朗普在各方面都与我们不同。事实上，真正的民粹领袖似乎恰好是“我们”（或者说平凡的民众）的反面。一来，他（或她）必须富有领袖气质，这就意味着他们需要有着非凡的天赋。这是怎么回事？难道乌戈·查韦斯仅仅是一个平凡之人吗？或者他之所以某种程度上特殊，是因为正如他所言，他体现了“你们每个人身上的一点点特征”？

第一眼看上去，似乎通过选举机制进行代议这一基本逻辑也能适用于民粹主义者，选举一个民粹政客是因为他（或她）在人们的判断中，拥有过人的能力来辨别由人民所决定的集体利益。[55]这与我们通常认为选举可以令我们选出“最好的人”担任公职的理解没有差别（这种看法让一些观察家指出选举总有贵族政治的色彩，如果我们真相信公民人人平等，我们应该通过抽签来决定公职，正像古代雅典的做法一样）。[56]选出的人似乎更能了解公共利益，因为他（或她）与我们共同拥有许多重要特征，但这一点并不是必要的。无论如何，严格意义上说没有人能与我们“完全一致”。甚至默默无闻的“管道工人乔伊”都在一定程度上特殊，因为他比所有人更平凡。[57]

民粹主义领导机制如何运作，也许可以从奥地利极右翼民粹政客海因茨—克里斯蒂安·斯特拉赫（奥地利自由党主席约尔格·海德尔的继任者）的竞选口号中获得线索。“ER will, was Wir Wollen”（“他要求我们所要求的东西”），这与“他和我们很像”并不相同。以及另一句口号“Er sagt, was Wien denkt”（“他说出了维也纳所想的”），不是“他说出了维也纳是什么”（或干脆“他就是维也纳”）。或者可以援引世界上截然不同的另一个地方的一位虚构的政客所言，“我所研究的是人民的心灵”，这来自《国王班底》（*All the King's Men*）中威利·斯达克的口号（该书是关于民粹主义最杰出的小说，大致取材自休伊·朗在路易斯安那州的从政经历）。

民粹领袖会正确地领悟民众的正确想法，有时他们也许还比我们更早一些得出正确的想法。我想这就是唐纳德·特朗普在推特上频繁的祈使句“想想看！”或“放聪明些！”所表达的意思。达到所有这些，并不依赖民粹领袖个人魅力，也不取决于他是否为政治的局外人。当然，如果一个人不是精英中的一员，他对既有的精英的反对会更有可信度。但是，无疑存在民粹主义者可被明确归类为不折不扣的职业政客的例子：海尔特·维尔德斯和维克多·欧尔班在议会里度过了整个成年时光。而这似乎并未有损他们身为民粹主义者的立场。

然而民粹主义者们到底是如何宣称自己代表和“领导”我们的呢？如果前文的分析是准确的，“象征意义上正确”的代表性也同样重要。这并不意味着民粹领袖人物要有特殊的个人魅力。但他（或她）在某种意义上必须与人民的“实质”产生直接联系，最好还要与人民之中每个独立个体的“实质”产生直接联系。这就是为什么查韦斯的竞选团队发出了诸如“查韦斯就是人民”和“我们是数百万个查韦斯，连你也是查韦斯”等口号。在他死后，人们在新的倡议“让我们像查韦斯一样”之下团结起来。

民粹领袖并不必然要体现出人民的特征，正如“英迪拉就是印度，印度就是英迪拉”此类口号所暗示的这样。但是某种意义上同人民的直接联系与相互认同则是必不可少的。民粹主义者常想摆脱中间人，也就是说尽可能少地依赖复杂的政党组织承担公民与政客间的媒介。他们同样也希望绕过记者：民粹主义者经常指责媒体“干预”，然而正如这个词本身所表达的，这正是媒体应该做的，但民粹主义者将其视作对政治事实的歪曲。纳迪亚·乌尔比纳蒂为这种现象杜撰了一个有用却初看自相矛盾的词：“直接代表”。[58] 一个完美的例子是贝佩·格里洛和他的意大利五星运动，这场运动完全肇始于他的博客。意大利平民百姓可通过直接浏览格里洛的主页来了解最新动态，在网上提出想法并认同格里洛为意大利人民唯一的合法代表。正如格里洛本人的解释："朋友们，运作方式是这样的：你们告诉我你们的想法，我来扮演扩音器的角色。"[59] 当"格里洛主义者"（这是对格里洛支持者的称呼）终于进入议会时，格里洛的智囊和网络经纪人吉安罗伯托·卡萨勒乔将此事解读为"意大利的公众舆论"最终来到了议会。[60]

一定程度上说，唐纳德·特朗普的推特账号在 2016 年总统大选中也有着相似的号召力："真正的美国人"可以摆脱媒体，直接与某个人进行接触（或者产生与他交流的假象），而此人并不仅是一个明星，他的自称"140 个字符的海明威"独到地揭示了他的本质。自孟德斯鸠和托克维尔以来的自由主义者所津津乐道的对影响力的节制（他们所称的中间机构）都消失在乌尔比纳蒂所说的"直接代表"之下。同样，任何与我们已有的想法相抵触的东西，都在互联网这个回音室中被消音了。网络（以及特朗普这样的领袖）总会有答案。而且令人惊奇的是，这个答案总会是我们所期待的。

坚定的反多元主义和为"直接代表"所作的努力解释

了民粹主义政治的另一个特征，这种特征常在评论中被视为孤立现象。我所说的这一特征，是民粹主义政党的内部几乎总是铁板一块，其普通成员明显服从于单一的领袖（或偶尔是若干领袖）。当今，政党的“党内民主”［一些宪法将其作为民主的指标甚至是政党的正当性（以及最终合法性）的依据］仅是一种美好的愿望。许多政党依然是马克斯·韦伯所言的举荐与推选领袖的机器，或充其量是依靠人格魅力驱动的微观政治竞技场，而非理性辩论的场所。这尽管是政党的总体趋势，但民粹政党内部尤其具有威权主义的倾向。如果只存在唯一的公共利益，及唯一的如实代表公共利益的途径（而非某种自身能意识到党派偏见的、自知难免对公共利益内容的理解有误的途径），那么在一个声称自己是公共利益唯一合法代表的政党中，自然无法容忍不同意见。[61] 而且，如果仅仅存在唯一的真正人民的“在象征意义上正确”的代表（虽然我们看到民粹主义者对真正人民的理解常常出尔反尔），那么就没有对此进行辩论的必要。

海尔特·维尔德斯的荷兰自由党是一个极端的例子。

这不仅是修辞意义上的一个人的政党，维尔德斯一人掌控着所有事务与所有人。起初，维尔德斯和他的首席智囊马丁·波斯马甚至并不想成立一个政党，而想成立一个基金会。这一计划在法律上并不可行，然而今天的荷兰自由党在现实中是一个仅由两个成员组成的政党，即维尔德斯本人和一个叫维尔德斯党团协会的基金会，这个基金会（读者应该能猜到）同样仅有维尔德斯一个成员。[62] 荷兰议会中的自由党成员仅仅是他的委派代表（而且每个周六维尔德斯都会事无巨细地培训他们，教他们如何表现自己、如何完成立法工作）。[63] 格里洛也同样有相似的做法。他并不仅是他自诩的“扩音器”。他集中地掌控着“他的”国会议员，并把所有胆敢反对他的人开除出去。[64]

如今，民粹主义者在现实中做出了种种妥协，他们加入执政联盟，并缓和了他们作为人民唯一代表的绝对化主张。但就此而得出他们其实与其他政党无异的结论，则是错误的。民粹主义者希望组成一个“阵线”（例如法国的国民阵线）、一场“运动”或一个基金会，是有其原因的。[65] 一个政党仅是（人民的）一个部分，然而民粹主义者提出的主张是他们代表人民整体，没有任何人被遗漏。

在实践中同样显而易见的一点是，对人民的“象征意义上的正确代表”的内涵，就算在同一政党内也可以随时代改变。试想一下国民阵线。在创立者让—玛利·勒庞治下，该党起初是一群极右翼极端分子、保王党人，尤其是那些无法接受法国1960年代丢失阿尔及利亚的人士的集散地。而近来，勒庞的女儿玛丽娜摈弃了其父的历史修正主义（其父曾臭名昭著地把纳粹毒气室称为“一个历史细处”），同时试图将她的政党包装成法国共和价值观的最后捍卫者，以抵抗伊斯兰教与德国在欧元区实施经济独裁这一双重威胁的。每年5月的第二个星期日，国民阵线都会在巴黎第一区的圣女贞德雕像前举行集会，从象征意义上转而投身于法国的独立和该党理解下的法国人民主权。时代在变，唤起“真正人民”的方式也可以通过指明共和国的主要敌人而调整。

如果民粹主义者的核心代表性主张实际上是空泛的，这样的转变就能更容易进行。“让美国重新伟大”除了表达人民被精英背叛，任何反对特朗普的人也必然在某种程度上反对“美国的伟大”以外，究竟有什么实际含义？乔治·华莱士的“为美国挺身而出”（他获胜的竞选口号“为亚拉巴马挺身而出”的全国性版本）除了将美国视作受害者，表达了任何批评华莱士的人都自然未能捍卫美国之外，还有什么其他意涵？

再问一遍：那么莫非每个人都是民粹主义者?

正如我们所见到的，民粹主义是一种独特的想象政治世界的道德化方式，需包含某种排他性的、道德化的代表权宣示。自然，主张道德意义上代表权的不仅限于民粹主义者，所有的政治话语都会做出道德化主张，正如迈克尔·塞沃德所言，几乎所有政治人物都会做出“代表权的主张”。[66] 与此同时，很少有政治人物会四处说“我们仅仅是一个派别，我们仅代表特殊利益”。更少有人会承认他们的竞争对手与他们具有同样的正当性。政治竞争与对立的逻辑，是不可能让这样的行为发生的。将民主制度下的政客与民粹主义者区分开来的是，前者做出代表权主张，是某种建立在选举等正常流程与制度的实际结果之上，能够被实际经验证伪的主张。[67]或者说，正如宝琳娜·奥乔亚·埃斯佩霍所述，民主制度下政客所做的有关人民的主张是自我节制的、自知可能存在谬误的。[68]从某种意义上说，他们必然认同贝克特《向着更糟去呀》（*Worstward Ho*）中的名句："努力过。失败过。没关系。屡战屡败。屡败屡战。每一次失败都比上一次败得更高明。"

而民粹主义者正相反，他们无论如何都会坚持他们的代表权主张，因为他们的主张是道德化的，象征意义上的（而非基于事实经验的），所以不可能被证伪。当他们在野时，民粹主义者必然会质疑那些导致"道德上错误"的结果的体制。因此他们可以被恰如其分地描述为"体制的敌人"，尽管他们并非所有体制的敌人。他们仅是那些无法证明他们排他性道德化的代表权主张是正确的代议制度的敌人。

非民粹主义政客不会在自己激情的演讲中仅为某个派系代言（尽管一部分人会如此。至少在欧洲，某政党的名称往往表现了该政党纯粹只为某个特定的受众代言，例如小农耕作者或基督徒）。民主框架下的普通政客也未必一定会认同以下这种高尚的伦理，即超越党派差异，大家都投身于完善政治共同体的基本政治价值这一共同事业中。[69]然而，大部分人都会承认，代表权是暂时性的、可能出纰漏的，相反的意见是合法的，这个社会不可能被毫无遗漏地代表，且政党或政客不可能在缺乏民主流程与形式的情况下代表真正的人民。这意味着他们需要接受一项被哈贝马斯清晰阐明过的基本主张：人民仅会以复数形式存在。[70]

综上所述，民粹主义并不仅是某种特殊的心理状态、某个特定阶级或仅仅是某项政策的产物。它也并非个人气质的问题。确实，乔治·华莱士通过穿便宜的西服，告诉美国人他“吃什么都要放番茄酱”表达了他的观点。的确，一些民粹主义者在辩论中会挑战自己粗鄙程度（或对待辩论主持人的粗鲁程度）的底线。然而，与许多社会科学家的观点相反，我们并不能单从“恶劣的举止”来识别民粹主义者。[71]民粹主义也并不仅仅是某种诉诸于人民的动员策略；[72]它运用着一套十分特定的话语。民粹主义者也并不是仅仅批判精英，他们更宣称他们且唯有他们可以代表真正的人民。一个人是否运用那样一套话语并非某种主观的印象。基思·霍金斯等学者已系统地确定了民粹主义话语的要素，并对民粹话语在不同国家的出现频率进行了定量的分析。[73] 由此我们可以有意义地谈论民粹主义的程度。重点是，民粹主义的话语能够被精确地识别。下一个问题是：当民粹主义将理论付诸实践时，将会发生什么？

第二章

民粹主义者的行为或掌权的民粹主义

现在有人也许会很容易下结论说，民粹主义者生活在某种幻想的政治世界里：他们想象出一群腐败的精英与道德纯洁的、同质的、永不犯错的人民之间的斗争，而民粹主义者扮演着人民的象征性代表，在其尚未掌权时与黑暗的政治现状斗争。这样的幻觉难道不会必然导致失败吗？

传统观念认为民粹政党从根本上说是抗争性的政党，而单凭抗争是不能进行治理的，因为某个人无法向自己抗争（况且，一旦政治人物成为掌权的精英，他们就完全不可能贯彻反精英的立场了）。[1]最后一点，有一种说法认为当民粹主义者担任公职后，就会在某种程度上失去了他们神圣的光环；他们的个人魅力会在日复一日的议会流程中耗尽和“幻灭”。回到前面关于民粹主义的定义（我认为该定义存在缺陷），有人可能会认为民粹主义简单化的解决方案很快会被证明无效。一味反对的政治，无法诞生真正的政策。

认为民粹主义者掌权后必定会以各种方式失败的观点能给人些许安慰，但这同时也是一种幻觉。其一，尽管民粹政党确实抗争精英阶层，这并不意味着民粹主义者一旦执政就会陷入自我矛盾之中。首先，民粹主义者依然可以将所有治理中的失误归咎于暗中作祟的精英，无论是国内的还是国外的（从这里我们可以看出民粹主义与阴谋论之间并非偶然的联系）。许多取得胜利的民粹主义者继续以受害者的姿态自居，他们明明居于多数却依然扮演着受到不公待遇的少数。查韦斯常常指责反对派的黑暗阴谋（那些被官方铲除的“寡头”）试图破坏他的“21世纪社会主义”（当这种论调不足以置信时，他总可以宣称美国该对玻利瓦尔革命的失败负责）。雷杰普·塔伊普·埃尔多安同样也将自己包装成永不言弃的底层人物：他总是那位伊斯坦布尔卡森柏沙贫民区的街头斗士，勇敢地直面土耳其共和国的凯末尔主义旧体制——甚至在他开始独揽全部政治、经济、文化权力许多年后也依然以此自命。

民粹主义者当政时会继续挑动对立，并向人们灌输某种不亚于末世冲突一类的幻想。他们将政治冲突尽可能地赋予道德含义（对查韦斯而言，乔治·W. 布什毫不亚于魔鬼本身，正像他当着全世界的面在某次联合国会议上宣称的那样）。敌人永远不会短缺，而且这些敌人必然是全民的公敌。查韦斯在 2002 年反对派掀起一场总罢工时宣称："这并不是支持或反对查韦斯的问题……而是爱国者与祖国公敌之间的对抗。"[2] 某场"危机"并非一个客观的事实陈述，而是一个取决于如何解读的问题。民粹主义者常会热衷于将时局描述为一场危机，将其称为生死存亡的威胁，因为一场危机可以令民粹统治合法化。换言之，一场"危机"可以是一场表演，而政治可以被包装成一场持久的内外交困状态。[3] 查韦斯和厄瓜多尔的拉斐尔·科雷亚等政治人物将统治视为一场持久的政治运动。当然，这种态度也常见于非民粹政客中。但科雷亚更加登峰造极，将自己总统的角色定位为一个持久的"造势者"。[4]

民粹主义者会持续塑造压力感，并将其与一种“亲近人民”的审美产物结合起来。维克多·欧尔班每周五都会接受匈牙利广播电台采访；查韦斯主持着著名的节目《你好总统》，其中普通民众可以拨打电话向这位国家领导人诉说他们的忧虑与关切。总统有时还会向在场的政府官员下达看似临时做出的命令（查韦斯在一次直播中，让他的国防部长派遣十个坦克营到哥伦比亚边境）。有时，他会在拍摄中的摄像机前宣布福利举措；这场作秀有时会长达六个小时。如今，科雷亚和玻利维亚总统埃沃·莫拉莱斯也会各自在类似的电视节目中现身。[5]

人们固然可以将这样的行为贬为某种怪异的政治逸事，而实际上，这类的行为在我们这个时代被称为“传媒民主”或“听众民主”的背景下与所有政客都必须进行的公关活动有着相似性。（在这种背景下，公民参与政治活动的主要途径是旁观当权者。）[6]然而，另一个事实是民粹主义者会采取一套非常特殊的治理手段，联系民粹主义的核心逻辑来看，这些手段是可以获得道德支撑的。当权的民粹主义者不可避免地要回归那一套理论——他们是人民唯一道义上合法的代表，且只有一部分人才是真正的、货真价实的人民，只有这些人民才应获得支持并最终配得上良好的治理。此种逻辑可以有三种自我表达的方式：对国家的某种殖民性质的统治；大规模的恩庇政治与政治学家常言的“歧视性法制主义”；对公民社会系统性的压制。采取这些行为的并不仅是民粹主义者；但民粹主义者与众不同的一点是，他们会如此公然地采取这些行为。他们宣称他们这些行为是有道义支撑的，且至少在国际场合上，他们很可能维持他们民主主义者的名声。揭露这些行为的本质，并非会如人所愿地对民粹主义者造成损害。我将详细解释这些看似有悖直觉的论点。

三种民粹主义的治理方式及其道德支撑

首先，民粹主义者试图对本国实施殖民或“占领”。试想匈牙利和波兰这两个近期的例子。维克多·欧尔班和他的青年民主主义者联盟首先做出的根本改变之一，就是对《公务员法》进行修改，让青民盟能将忠于该党的人安排在本应属于无党派人员的行政职位上。青民盟和雅罗斯瓦夫·卡钦斯基的波兰法律与公正党也立刻着手对抗法院独立。现存法院的审判流程遭到修改，新的法官被任命入职。波兰当下的状况显示，当改变整个体制被证明是十分困难时，削弱司法是执政党的次优选项。媒体权威人士也立刻遭到逮捕，这一明确信号提醒记者在报道时不应损害国家的利益（这当然等同于执政党的利益）。由于卡钦斯基相信一个暗中的“网络”正致力于损害他的政党，对他而言把国家情报机关纳入掌控之中也是很关键的。任何批评这些措施的人，要么被污蔑帮助旧精英做事（作为人民的合法代表，民粹主义者终于成功取而代之的就是这群精英），要么则无疑是叛国者（卡钦斯基曾说“最坏的一批波兰人”有所谓的“背叛祖国的基因”）。最终的结果是，这些政党创造了一个符合自己政治口味以及政治愿景的国家。

当然，这种巩固权力，甚至永久占有权力的策略并非民粹主义独一无二的专利。而民粹主义者与众不同的是，他们会公然地实施这样殖民性质的统治，并用他们道德上代表人民这一核心主张来作为支撑。民粹主义者会愤怒地问，为什么人民不能通过他们真正的代表来夺回自己的国家？为什么那些以政治中立为名阻碍人民实现真诚愿望的人不该被清算？国家天经地义属于人民，而不应该用作一种异己的工具来对抗人民——相反，人民应该以适当的方式拥有国家。

其次，民粹主义者试图推行大规模的恩庇政治。政治精英用物质与非物质的恩惠来换取大众的政治支持。同样，这种行为并不仅限于民粹主义者：许多政党都会犒赏出来投票支持自己的拥趸们，尽管很少有人会过分到如奥地利极端民粹主义者约尔格·海德尔的地步，他在卡林西亚州街头公然向“他的人”分发一百欧元大钞。一些观察者认为，从现实主义的角度，大众恩庇政治与早期形态的民主政治或多或少是一回事——因为恩庇政治建立了一些有意义的政治互惠，并允许某种有限的问责机制。[7]再一次让民粹主义者与众不同的，是他们公然做出这些行为，并伴随着大众道德上的支撑，因为对他们而言仅有一部分人才是真正的人民，只有这些人才值得自己国家应有的支持。

与之类似，只有一部分人才能享受完全的法律保障；

那些不属于人民的人、那些被怀疑积极与人民对抗的人，则应当受到严厉惩处。（这就是“歧视性法制主义”，这种观念认为“对我的朋友一切好办，对我的敌人法律伺候”。）[8]

一些民粹主义者有幸能有可自由支配的资源，这令他们得以推行大规模的恩庇政治，甚至能有效地组织起整个阶层来支持他们的政权。查韦斯因为石油带来的繁荣而大为受益。[9] 尤其对中欧和东欧的政权而言，来自欧盟的资金就等同于一些阿拉伯专制国家的石油：政府能有策略地利用这些补助来换取民众支持，或至少让民众保持沉默。不仅如此，他们还会组织起一个符合他们理想人民形象的、忠于其政权的社会阶层。查韦斯创造出了一个玻利瓦尔中产阶级，他们作为“玻利瓦尔革命”的产物，表现相当抢眼。埃尔多安持续享受着安纳托利亚半岛中产阶层的坚定支持，这一阶层在他的正义与发展党执政下的经济繁荣中崛起（这一中产阶层也体现了一个理想中的虔诚穆斯林土耳其人形象，既对立于西方化的世俗精英，也对立于库尔德人之类的少数民族）。匈牙利的青民盟也建立起了一个将经济成功、家庭价值观（拥有孩子可获得许多福利）与宗教信仰等特质合为一体的新人群，该人群符合欧尔班眼中“基督教—民族性”的文化愿景。[10]

再次重申，对国家的殖民化统治、大规模恩庇政治、以及歧视性法制主义都是可以在许多历史情境下见到的现象。但在民粹主义政权中，这些举措被公然地付诸实践，令人不禁怀疑它们有着明确的道义支撑。因此还出现一种令人诧异的现象，即那些只能被视为腐败事件的曝光，与常人预料相反，似乎完全无法损害民粹领袖的名誉。海德尔的奥地利自由党和意大利北方联盟被证明要比他们长期批评的传统精英要腐败得多；然而两党如今依然蓬勃发展（以至于北方联盟已超越贝卢斯科尼的政党成了意大利主要右翼反对党）。埃尔多安这位自封的“民族的男人”在腐败丑闻面前也毫发无伤。很明显，在民粹主义支持者的观念中，贪污腐败与裙带政治并不是主要问题，只要这些腐败事件似乎是在为守道德的、勤奋的“我们”服务，而非为不道德的、非我族类的“他们”服务所寻求的手段。因此，自由主义者认为只需揭露腐败便可损害民粹主义者名誉的想法，是一种不切实际的希望。他们还必须证明，对绝大多数人而言民粹主义者的腐败无法创造实惠，而民主责任制的缺失、官僚系统的失灵和法治的衰退才会从长远伤害人民——所有的人民。

民粹主义的治理模式中还有一个重要的元素需要理解。当政的民粹主义者往往会严苛地对待（至少可以这样表述）批评他们的非政府组织。再次重申，骚扰甚至压制公民社会并不是民粹主义者的独有行径。但对民粹主义者来说，来自公民社会的反对产生了一个独特的道德与象征性的问题：这削弱了他们对人民排他性的、道德化的代表权的主张。因此，声称（及宣称“证实”）这样的公民社会绝非公民社会，那些看似来自人民的反对声音其实与真正的人民毫无关系，就变得十分关键。这就解释了俄罗斯的弗拉基米尔·普京、匈牙利的维克多·欧尔班和波兰法律与公正党这样的统治者为何竭尽全力地将非政府组织诋毁为受外部势力操纵（进而宣称它们是“外国代理人”）。从某种意义上说，民粹领导人通过诋毁、压制那些反对他们对人民的解读方式的人（或有时会鼓励这些人离开本国，进而将他们与人民分隔），试图将他们所代表的那个统一的（和消极的）人民群体变成一个既成事实。[11] 换句话说，法律与公正党政府和青民盟政府，不仅会创造出一个法律与公正党的国家和一个青民盟的国家，他们还会创造一群法律与公正党的人民和一群青民盟的人民（常常通过建立一个代理人式的、亲政府的公民社会）。民粹主义者会创造出一个同质化的人民群体，而他们自始至终都代表着这样一个人民群体说话。

而这一做法就带来了很强的讽刺色彩。掌权的民粹主义者们带来、巩固或创造了另一种形式的排外体制与国家僭权，而这些正是他们试图取代现行体制时最极力反对的。[12]“固有体制”和“腐败缺德的精英”也许会做的事，民粹主义者最终全做到了——不仅如此，还让人觉得他们做这些事时如此没有负罪感，还有着所谓民主的支撑。

当政的民粹主义等同于“非自由的民主制”吗？

现在，如果读者直到这里都跟着我的论述走，便很可能会问：“为什么民粹主义者在政权更迭的时候不会得寸进尺地继续下去呢？”如果他们真正坚信他们所说，即他们是人民唯一合法的代表，为什么他们不一股脑地废除选举制度呢？如果其他的权力竞争者都是非法的，为什么不完全将他们排除在政治竞逐之外呢？

对这个问题的回答某种程度上需要一些猜测。我们知道许多当权的民粹主义者都在持续试探边界：这边改变一下《选举法》，那边对不友善的媒体施压，再对一个烦人的非政府组织进行额外的税务审查等——但是似乎这并不是与民主制的彻底决裂。当然，我们并不知道他们的想法和确切的算计。但似乎有可能的一点是，至少在他们的思考中，公然实行威权主义的代价太高了。官方废除或至少搁置民主制度，会伴随着国际声誉的严重损失（可能还会丧失国际物资援助，尽管埃及和泰国最近的例子表明，就算传统的军事官僚专政的出现，似乎也不必然会导致与国际社会的完全决裂）。

面对这种彻底的威权主义的倒退，许多观察者试图将土耳其和匈牙利的政权称为“非自由的民主制（illiberal democracies）”。然而这种归类是极具误导性的，实际上还削弱了制衡民粹政客的尝试。“非自由的民主制”让卡钦斯基、欧尔班和马杜罗之类的政府有资格宣称他们的国家依然是民主国家，只不过并非自由民主国家。这并不是一个无关紧要的句法问题。外部观察者应当非常清楚，民粹主义所损害的正是民主本身。鉴于“非自由的民主制”这一诊断结论在政治学家与政策分析家中如此盛行，请让我加以详细解释为什么这种判断是错误的。

非自由的民主制一词在1990年代中期开始在西方政策界盛行，作为一种描述那些实行选举，但并不尊重法制，尤其是破坏分权制衡的政权的方式。美国记者法里德·扎卡利亚在一篇极具影响力的文章中指出，那些有着民意支持的政府会经常性违背他所谓的“宪政自由主义”的原则。宪政自由主义涵盖了政治权利、公民自由与财产权利。“非自由的民主制”这一诊断结论，是1989年之后大环境下的哲学与政治后遗症的表现形式。在东欧连续地震的时期，整个世界似乎都陶醉于民主制中，似乎多数决（majority rule）与法治（rule of law）二者总能和谐地共存。但不久之后，选举产生的多数却运用一切可能的权力去压迫少数群体，侵犯其基本权利。这就清楚地说明了，在那些政治竞逐者显现出“赢者通吃”思维的国家里，自由主义必须得到巩固以遏制民主的危险性。

自由与民主之间的概念冲突并不是一类新鲜事物。左翼与右翼批判“资产阶级民主制”的人都已长期运用了这一论点。宽泛地说，马克思主义者指责资本主义下的自由主义仅仅提供了“名义上的自由”和某种虚假的政治解放，然而实际保护的却是通常被称为的“私法自制”（换句话说，该制度保障了他们在市场中的参与者的地位，并赋予了国家强制执行契约的角色）。在右翼阵营，卡尔·施米特在1920年间宣称自由主义是一种过时的意识形态：在19世纪它曾支持着精英们在议会中理性地论辩政策，但在大众民主的年代，议会充其量是特殊利益集团间肮脏交易的遮羞布。相反，真正的民意可能被一个像墨索里尼一样的领袖所代表。同质化的人民发出的呼声成为真正民主制度的标志，施米特将其称为“统治者与被统治者间的相互认同”。宪法法庭之类的非民选机构可被理解为自由主义的守护者，但它们从本质上说是反民主的。

施米特同时在人民的“实质”与现实经验中的选举结果或民调观点之间，进行了一个重大的概念区分——正如我在前章所说，民粹主义常常利用这一区分。在此处值得全文引用施米特，因为他的思想阐释了近来许多以貌似民主的话语为掩饰的威权主义转型：

“一亿个体公民的一致观点，既非人民意志也非公众舆论。人民的意志完全可能，甚至能更好地通过齐声欢呼的方式体现出来，通过某些理所当然的、显而易见且无法驳斥的事物体现出来，而不必通过近五十年间谨小慎微地建构出的统计数据来体现。民主的情感越强势，越能让人坚定地意识到民主只不过是秘密投票制度的登记系统而已。与一种直接的，不仅是技术层面同时也是实质层面上的民主相比，议会就如同一个自由主义理念创造的人工机器而已，而独裁和恺撒式的方式不仅能导致人民的一致拥护，同时也能成为民主实质与权力的直接表达。”[13]

直到最近，1989 年之后所谓自由主义霸权的批评家中，最著名者当属左翼理论家尚塔尔·墨菲（Chantal Mouffe），他指出“理性”的自由主义思想最终会否定冲突与异议的合法性，而这是民主的本质所决定的。与此同时，社会民主主义政党则放弃了为新自由主义提出一种真正替代方案的任务。这些政党在“第三条道路”上的合流，也加强了选民们正在参加一场“没有选项的选举”的观感（换句话说，如同墨菲在一次访谈中所说，这种选举不过是在可口可乐与百事可乐之间做出选择）。墨菲认为，政党之间的合流，以及达成共识的强烈渴望（这可以从约翰·罗尔斯和尤尔根·哈贝马斯的民主理论中找到）激起了强烈的对自由主义的反动，其中最显著的则是右翼民粹主义。

在政治理论的论辩之外，“自由主义”至少在欧洲用于指代不受限制的资本主义，尽管在美国这并不适用，与美国十分相似，这个词也成为了最大化个人生活方式的自由之代名词。金融危机后，新一波自封的反自由主义者利用“自由”一词的模糊含义，为另一种类型的民主创造合理性。强调传统伊斯兰教伦理的埃尔多安，开始将自己包装为“保守民主主义者”。欧尔班则在2014年一次颇具争议的演说中，公布了他建立“反自由主义国家”的计划。近日在难民危机中，这位匈牙利领导人宣布，他所称的“这也自由、那也自由”的时代在欧洲已经结束了，而欧洲大陆将会进入他理想中的“基督的、民族的”政治愿景。[14]“反自由主义”在这里的含义，似乎既反对不受约束的、以强胜弱的资本主义，同时也反对为同性恋之类的少数群体扩大权利。它对市场和道义两者都加以限制。

当今，“反自由的民主”并非从用语上自相矛盾。纵观19和20世纪，许多欧洲基督教民主党人都会自称为“反自由主义者”；事实上，当年如果有人质疑他们坚定的反自由主义立场，他们也许会深受冒犯。但这并不代表他们不理解政治上的少数派的权利在民主制度运转中的重要性（毕竟，少数派在下一次选举中可能会变成多数派）。恰恰相反，他们通过亲身经历明白了少数派若得不到掌权者的保护意味着什么，当天主教徒成为世俗国家发起的文化战争的受害者的时候（试想俾斯麦在19世纪后期德国所推行的文化斗争政策），他们同时也不认为，法庭之类的非民选机构在某种程度上是不民主的，同样的道理，他们之所以认同分权制衡的观念，是因为他们体会过缺乏约束的人民主权对于宗教上的少数派意味着什么。他们自称“反自由主义者”的原因，仅是因为他们将“自由主义”与个人主义、物质主义，更多时候则与无神论联系在一起（例如，试观杰出的法国天主教哲学家、联合国人权宣言的起草人之一雅克·马里顿。他认为基于天主教的特定前提之上可以支持民主制度，但必须拒斥自由主义）。对这样的思想家而言，“反自由主义”并不意味着对基本政治权利缺乏尊重，却意味着对资本主义的批评（即便基督教民主分子并没有质疑私有财产权本身的合法性）以及对家庭的传统式、父权式理念的强调。

民主可能存在非自由的哲学根基，正如马里顿的例子展现的一样。同时，婚姻与堕胎的权利在一些传统社会中也可能严重受限。我相信一个人可以有充分理由去反对后者，但这些权利的受限并不标志着民主的严重缺失。总之，人们也许会谈及那些相对不宽容（在这种意义上不自由）的社会，但这样的社会与非自由的民主制是两回事。我们必须把缺乏自由的社会，和那些言论与集会自由、媒体多样性和少数民族的保障受到侵害的地方区分开来。这些政治权利并不仅仅与自由主义（或法治）相关；这些权利是民主制度的构成部分。试举一例，就算执政党没有在选举日当天往投票箱里填塞虚假选票，但如果反对党无法有效发表政见、记者报道政府弊政遭到阻止，那么这样的选举依然是不民主的。即使是为了民主最低限度的定义（一种在民意形成的流程之后确保权力的和平过渡的机制），公民对政治的充分知情权也是必不可少的，否则政府将很难接受问责。因此，1989 年后涌现的许多新兴民主国家都建立了宪法法院以保障基本政治权利、维护政治与社会的多元化也就不足为奇了。根据以上的阐释，此类法院最终会有助于民主本身（并不仅是自由主义）的茁壮发展。

如果批评者不断提起“非自由的民主制”这一说法，欧尔班之流的领导人只会说：“非常感谢。”这种所谓的批评，反而证实了这位匈牙利总理无疑就是那个他想扮演的角色：自由主义的反对者。与此同时，他本人、卡钦斯基和其他的民粹领袖会致力维护“民主”，因为在过去的 25 年中民主无论多么令人失望，它依然是全球舞台上获得承认的最重要入场券。从这些领导人的角度看，“非自由的民主制”还能更好地印证一种规范性的分工，即由民族国家实施民主制度，而让欧洲联盟之类的政治实体负责实施自由主义。这样一来，欧盟就可以更显得像是毫无限制的资本主义与自由至上道德观的代言人［就像俄罗斯许多恐同的欧盟敌对者所兜售的“同性恋欧洲”（Gayropa）指控中体现的那样］。与此同时，民粹主义政府可以将自己表现为正在抵抗某种以多元化和少数群体权益为名的自由主义霸权，譬如他们会说：“我们这些匈牙利人、波兰人等都是欧盟中信奉传统道德的少数派，我们不愿屈从西方自由主义精英所推崇的那种大一统的自由主义普世观。”试想波兰外交部长维托尔德·瓦什奇科夫斯基在2016年1月接受一家德国小报采访时所哀叹的“文化与种族的新一波融合……一个骑行族与素食主义者招摇过市的世界，而这些人……与任何形式的宗教为敌”这种图景。这句话听起来似乎是一个脆弱的，甚至面临迫害的少数派在捍卫着自身——而事实上，这位部长在代表一个占有国会多数的政府发言。

上述所有理由，都意味着我们应该避免不假思索地提起"非自由的民主制"。民粹主义者如此损害着民主制，他们赢得选举的事实并不能理所当然地为他们的计划赋予民主的合法性。(尤其因为他们并未在那些为他们赢得政权的竞选活动中提及那些影响深远的宪制性变革。) 尽管他们在一开始也许通过公平合理的方式赢得了选举，他们立刻着手以所谓真正人民的名义（对立于他们的政治竞争者，后者被他们自动视为国家的叛徒）来削弱民主的制度机构。这样的人民被假定为一个同质化的集体，只能由民粹主义者真正地代表。用卡尔·施米特的话说，象征性的主张能胜过他所说的统计工具得出的区区几个数字（或选票数量）；所谓真正的举国意志能胜过规则流程，让所有反对派失去合法性，或者，正如一位法律与公正党议员所说："位于法律之上的是国家的利益。"

一言以蔽之，民粹主义扭曲了民主流程。如果执政党掌握了足够的多数，它就能颁布一部新宪法，并将其粉饰为某种把国家还给"真正的匈牙利人"或"真正的波兰人"的努力，旨在反对那些从人民手中抢走国家的自由派精英们。明显佐证了这一点的是，这群原来的精英同时还常常支持经济自由主义、多元宽容的“开放社会”和对基本权利的保障（包括那些构成民主制度的权利）。欧尔班会通过宣称“祖国已不复存在了，只剩下了投资场所”进而批评开放社会。在波兰，德国的经济利益、所谓的邪恶的“性别意识形态”（Gender Ideology）和捍卫宪法的公民社会团体，都被混为一谈并同时遭到攻击。简而言之，反资本主义、文化民族主义和威权政治被不可割裂地联系起来。

尽管如此，正如过于宽泛地界定民主的范畴无助于我们理解当前面对的政治现实，过于宽泛地定义威权主义的概念也会产生种种问题，导致意外的政治后果。前一种状况中，匈牙利与波兰政府会因为它们依然是民主政体而欣喜若狂；后一种情况下，高度专制的政权会因它们能和匈牙利与波兰归为一类而感到高兴。在后者国家中，在街头示威、发表批判性的博客、创立新的政党仍然具有高度的可能性。尽管游戏规则遭到操纵，但通过批评掌权的民粹主义者而赢得选举，目前看来并非全不可能。也许，诸如有“缺陷的民主制”这样的标签更加合适。[15] 民主制度遭到损害，并亟须认真修补，但将其称为独裁制度则具有误导性且为时过早。

欧盟在与匈牙利和波兰这类“非自由的民主国家”打交道时，明确自己的所作所为也是很重要的。欧盟的大部分行动都被归类为“保护法治”的范畴。2014 年欧盟委员会颁布的一项新举措称为“法治机制”（Rule of Law Mechanism）。这一机制开始会在成员国涉嫌违反《欧洲联盟条约》第二条所规定的价值观（法治是欧盟价值观之一）时，试图与其展开对话。这种机制希望通过对话而非制裁的方式令成员国纠正其做法。欧盟委员会在许多出版物中都坚持法治和民主是密不可分的：缺乏其一便不可能有其二。然而，在公共讨论中对法治近乎专一的关注，多少加强了欧盟只关注自由主义，而各民族国家主导民主制度这一观感。欧盟官员应强调他们对民主的关切和对法治的保护是同等的。

另外，批判匈牙利和波兰近期动向的人还应面对下述事实，即“自由主义”在两国人民的感受中不仅常常表现为残酷的竞争，同时也表现为（西欧）强国利益的畅行无阻。尽管实际上匈牙利大大削弱了福利国家体制，欧尔班仍然自我标榜为一个敢于将企业国有化，用国家力量保障平民免受跨国公司威胁的强大领袖，这一标榜的效果十分显著。在他确立“非自由主义国家”这一意识形态之前，欧尔班曾津津乐道于“平民民主”。这是一种政治宣传，但它之所以能引起共鸣，是因为1989年后，政治、经济和道德上的自由主义似乎又出现了融合。如果一种称为自由主义的事物似乎只为胜利者带来好处，自由主义者就需要反思他们的立场了。正如原匈牙利异见人士G. M. 托马什在2009年所言：“我们这些居于顶端的泡沫，正在欢庆自由、开放、多元、空想、愉悦等种种胜利。这毫无意义，我为此感到羞愧。”

那些捍卫民主不被民粹主义侵蚀的人们，也必须诚实地认识到西欧和北美的老牌民主政体也并非安然无恙这一现实。当然，这些政体并非如德国社会科学家沃尔夫冈·施特雷克所言，是“徒有其表的民主”。并没有单一的政党掌控着这些国家，并试图将整个政治体制向着有利于它们的方向塑造，正如匈牙利的例子一样。但是，让这些国家越来越承受其害的一个缺陷，是弱势的社会经济群体未能参与政治决策过程，其利益无法得到有力的代表。需要再次重申，将以上这些问题与蓄意剥夺基本民主权利、驱逐反对力量这些我所认为的民粹政权特征相提并论是错误的。在这些国家中会发生实质意义上的政权更迭，这与匈牙利青民盟、波兰法律与公正党所公然为之奋斗的状况不同。但是，尽管权力竞逐者之间的差别要比可口可乐与百事可乐的差异更大，墨菲这类批判者确实提出了一个值得回应的论点。正如大卫·奥斯特在2015年波兰法律与公正党胜选的分析中所深刻指出的："问题……并不在于人民不致力于民主。确实，许多人当今已不致力于民主，但他们不致力于民主的原因，是他们感到民主在新自由主义的包装之下已经不对他们做出承诺。"当今，捍卫民主需要努力应对这一挑战，其难度不亚于揭露所谓"平民民主"和"非自由主义国家"等欺骗性的借口。

民粹主义宪法：这个词自相矛盾吗？

令人惊奇的是，尽管理解民粹主义的方式极为不同，许多观察家似乎在一点上存在共识，这一点就是，无论其他方面怎么样，民粹主义天生会对那些与宪政有关的那些体制与终极价值观充满敌意：对多数人意志的限制、分权制衡、对少数群体的保护，甚至是对基本权利的保护。[16]民粹主义者似乎会厌烦规则流程；他们据称会“反对如此种种的体制”，而宁愿选择在领袖个人与民众之间建立一种直接的、无需中介的关系。与这种所谓反建制主义相关的，是有关民粹主义者厌恶代议制度，倾向直接民主（以全民公投为例）的指控，这一指控我们已经在第一章某种程度上回应过了。我们同样也回应了这种在政治哲学家与社会科学家之中甚为广泛的印象，即民粹主义尽管有严重的谬误，在某些情况下也许会成为自由民主制过于疏离人民的“纠偏方案”。

这样的希望是盲目的，但我们若检讨与自由主义宪政和民粹主义相关的论辩是如何受困于几种不足取的特点，我们便能理解这样的希望是如何产生的。第一，这一探讨常与对多数人统治（及其相对面：司法审查）的优点的争论混为一谈。第二，人民主权的宪政与民粹主义的宪政之间并没有一个清晰可辨的划分标准。[17]第三点也是最重要的一点，“民粹主义”成为“公民参与”和“社会动员”（及其相对面：对法官和其他精英的权力的削弱）的极不准确的代名词。[18]除了用语的模糊之外（或许大概正因为这种模棱两可），另一个事实是与民粹主义和宪政主义有关的讨论（尤其是在美国）会很快变得情绪化，各种对精英主义和“庶民恐惧症”（demophobia）的指控满天飞，理论家则被指责“对普通民众的政治热情态度恶劣”或是推崇“暴民政治”。[19]

正如我们希望的那样，民粹主义者并不一概地“反对体制”，而且他们在当政后也并不一定会自我毁灭。他们反对的仅仅是他们观念中那些无法产生道德意义上（而非实际经验上）正确的政治结局的体制。而且，他们仅当自身在野时才会反对体制。掌权的民粹主义者完全能认可体制，换句话说，认可他们自己的体制。

那些攫取了足够权力的民粹主义者会试图制定一部新的民粹主义宪法——不仅是从一套新的社会政治解决方案的角度，也是从一套新的政治博弈规则的角度出发（一些宪法学者将其称为政治的“操作手册”）。对于后一点，人们很容易想到民粹主义者会寻求一个允许不受限制的民意表达体系，或以某种形式增强领袖与真正的人民之间的直接的、无须体制做媒介的联系。毕竟，民粹主义者常常被认为是雅各宾派的继承人。

然而在此，情况并不那么简单。当民粹主义者在野时，主张不受限制的民意表达是可行的。毕竟，民粹主义者希望利用**人民**的真实表达——这种脱离于体制和流程之外的谜一样的实体，来对抗现存政治体制中的实际选举结果。在这种状况下，他们有可能声称人民的呼声是单一的，而分权制衡和权力划分无法使单一的、同质化的人民的单一、同质化的意愿得到清晰的呈现。

但当他们掌权时，民粹主义者似乎对宪政这种对他们口中的民意加以限制的机制便不再那么充满质疑——只要民意（不会是从现实经验中的，而是从道德意义上理解的）在一开始得到了民粹主义者的确认，之后以适当形式纳入宪政框架内。或者，援引马丁·洛克林所提出的区分方式，积极的、建设性的宪政之后紧随的是消极的、限制性的宪政。[20] 民粹主义者首先会试图延续他们所认同的道德上纯洁的人民的恰当形象（恰当的宪政意义上的身份认同，如果有人愿意这么阐述的话），然后才会把可能符合他们人民形象的那些政策纳入宪政体系。因此，民粹主义宪政并不一定对民众的政治参与赋予某种特权，也并非如布鲁斯·阿克曼所认为的那样，将民众领袖的“个人魅力加以宪政化”。[21]

除了这些特征以外（这些特征再一次能用民粹主义的深层道德主张加以解释），这些宪法还有着一个服务于民粹主义者的现实目的：它们能够帮助民粹主义者维持权力。当然有人会说，这个现实目的依然有着与潜在的民粹主义想象相关的道义成分：作为人民唯一的合法代表，民粹主义者应该永久掌权。而且，如果永远延续政权成为目标，那么便存在民粹主义者仅将宪法视为装点门面，而在幕后阳奉阴违的可能性。[22]也许，如果宪法不再有助于保持政权的目标，他们甚至会牺牲掉他们自己的宪法。在此，雅各宾派确实是一个恰当的例子。正如丹·埃德尔斯坦所指出的，他们并非像历史学家常设想的那样，有多么关心大众意愿是否真实得到表达。[23]雅各宾派反而担心大众意愿会堕落，并寄希望于某种形式的自然权利的实现，这种自然权利能完全独立于实际的民意（及其所伴随的脆弱特质）。当他们自己的宪法以及这种宪法所授权的选举让雅各宾派面临权力被剥夺的威胁时，他们便毫不犹豫地终止了宪法，并用恐怖手段惩治他们所认为的法外之徒。

并非所有民粹主义宪政体制的例子都如雅各宾派这样跌宕起伏（更不必说如此充满恐怖色彩）。一个近期的例子是于 2012 年初生效的，官方名称为《基本法》的匈牙利宪法。这部宪法颁布之前进行过一次“全国性磋商”，政府声称这次磋商获得了 92 万匈牙利公民的响应。[24] 这次磋商的结果可以被宪法的制定者随意解读，以便与他们的这一宏大观念相吻合，即 2010 年议会选举因执政党赢得了三分之二的议席而导致了一次“投票站革命”（但执政党只获得了 53% 的实际选票数，即 800 万合资格选民中的 270 万）。据政府声称，这场“革命”赋予了它一项义不容辞的宏大使命，即建立一个政府所谓的“全国性合作体制（National System of Cooperation）”和一部新宪法。维克多 · 欧尔班解释道：“人民为匈牙利议会提供了良好的建议和指示（来批准这部《基本法》），因此议会通过了该法。从这个角度说，如果有人批评匈牙利宪法，这并不是针对政府，而是针对匈牙利人民……与他们尝试让我们所相信的相反，欧盟并非与匈牙利政府不和……事实上他们所攻击的是匈牙利。”[25] 这一系列等式——谁攻击匈牙利政府就是攻击匈牙利人民——令人心惊胆战。这些主张帮助我们理解，因为它们如此罕见地把民粹主义的逻辑展现得那么纯粹。

新宪法的序言，又称“国家的信条”，将一种十分典型的匈牙利民族的形象载入宪法，该形象将匈牙利人描绘为一个在充满敌意的世界里努力生存的民族，他们是良善的基督徒，同时他们这一民族与“同他们共存”的少数民族有明确区别。在建立更加细节的宪政体制时，延续民粹主义者的权力成了明确目的。[26] 宪法提出了对法官的年龄限制和资格要求，以便能开除那些不与执政的民粹政党保持一致的职业法官，宪法法庭（其在《基本法》颁布之前是对政府权力的关键制衡）的职能和结构遭到了重组，而由执政党挑选的公务人员的任期往往都非常长（常常是九年），其意图明显是用以制衡未来的政府。

可以说，匈牙利政府设计了一部本质上为德国宪法法院原法官迪特·格雷姆所说的“排外性宪法”，或者也可以说是一部充满党派之见的宪法：该宪法将一系列非常具体的政策选项变为不可更改，而在非民粹的民主政体中，这些政策选项本是日复一日的政治博弈的内容。[27]不仅如此，该宪法从两方面排斥了反对党：反对党并未参与起草与通过宪法，他们的政治目标也无法在未来实现，因为该宪法高度限制了政策选择的余地。换句话说，在新政权下，就算执政党输了选举，宪法也能永久延续他们的权力。

匈牙利《基本法》尽管可能反映了人民在全国讨论中所表达的观点，它却从未经过一次全民公投。相反，不少拉丁美洲的新宪法是由民选的宪法会议所制定，并最后交由人民公投定夺：委内瑞拉、厄瓜多尔和玻利维亚便是广为人知的例子。[28]在组成宪法会议的过程中，旧的宪法事实上被忽略了，并由那些据称能延续制宪时的“民意”的文件所取代。制宪的民意总是被牢牢地操纵在民粹主义者手上。以查韦斯为例，他控制着“他的”宪法会议的选举方式，并保证选举中他政党所获得的60%选票能转化为制宪会议中 90% 的席位。

通过加强行政权力，同时削弱司法权力或任命具有党派背景的人担任司法职务，民粹主义分子的理想有效地变成了现实。因此，新宪法对民粹主义“占领国家”的规划起了决定性帮助，因为向新宪法的过渡为撤换现有的公职人员提供了适当理由。[29] 总而言之，选举被设计得越来越缺乏自由与公平性，媒体越来越容易被行政官员控制。与匈牙利的例子一样，委内瑞拉政府的“新宪政主义”用宪法来为民粹主义者延续权力制造条件，种种做法都倚仗着他们且仅有他们代表“立宪者意志”，即单一的创制宪法的意志。

现在看来，以上的所有尝试都并不意味着民粹主义宪法必然准确按照预期发挥作用。这些条款的设计初衷是摧毁多元化，但只要民粹主义政权还在举行反对派有一定获胜概率的选举，多元化就不会彻底消失。但是，此类民粹宪法很容易导致严重的宪政危机。试想当委内瑞拉反对阵营民主团结圆桌会议在 2015 年 12 月选举获胜后的状况。马杜罗总统首先威胁绕过议会（而依靠军队）进行统治，他同时竭力地质疑三个反对党议员的合法性（以此来防止反对党达到必须的修宪人数门槛）。行政机关的权力已经在查韦斯“自己的”宪法中得到了极大加强，被再次扩大，令马杜罗能在没有议会参与的情况下任命或解除中央银行董事的职务。[30]但这还不够，马杜罗还试图建立一个“公民议会”形式的对立议会（之前存在着一个类似的构想，即通过建立所谓的玻利瓦尔社团以产生与官方议会并行的合法性，这一构想由查韦斯首先尝试但基本失败了）。[31]作为回应，民主团结圆桌会议正致力于举行一次全民公投来罢黜马杜罗。

关键一点在于：民粹主义宪法的设计目标是旨在限制非民粹主义者的权力，甚至当后者组建政府时也是如此。因此斗争便不可避免了。宪法不再是政治的框架，而成为纯粹的用于夺取政权的党派工具。

民众一定不能使用“我们人民”这样的表述吗？

本书分析至此的结论也许看似十分保守：政治应被限定于官方政治体制内部的互动，这些制度所产出的现实结果都必然是合法的，而那些关于人民，代表人民，更不必说人民自己所做出的种种主张，都是被禁止的。但这是一种误解。在民主制度中，任何人都可以做出某种代表性的主张，并观察某个特定的群体是否有所回应——或者，更具体地说，是否有某个群体会对之前并没有意识到的某种集体身份的象征性表现给予认同。事实上，甚至可以说民主制度就是为了加强这种主张而设计的：对官方民意代表的行为应当允许质疑，而这些质疑会涉及这些民意代表未能履行代表的职责——这也许意味着他们未能为选民服务，甚至包括他们违背了政治共同体的象征性自我认知。[32]

街头抗议、网上请愿等种种这类行为都有着真实的民主含义，但它们缺少有效的民主形式，因此它们无法提供某种基于民主的撒手锏来对抗代议体制。[33]但无论如何，这种抗争形式与试图以人民全体的名义发声是不同的，也与从道德上否认对其宣称代表人民进行质疑的合法性是不同的。

但是，对世界各地那些打着“人民的力量”旗号奋斗的人，又该如何评价呢？试举一个近期的例子，那些在埃及解放广场反对穆巴拉克政权的示威者使用了“同一只手”“同一个社会”“同一个诉求”这样的表达（也有更具创意的口号，例如“人民要一个不染头发的总统！”）。[34] 我们是否应教导并告诫他们，很不幸他们并未真正理解民主，并注定会对宪政产生误解？

可以说，本书中的分析完全不会回避那些指出体制排外性的论断。任何人都可以批评现存的规则流程，指责这些规则存在道德盲点，并提出更具包容性的标准与方式。然而，有问题的并不是那些认为现行体制失败的主张，而是那些认为只有**批评者自己**才能唯一代表人民发言的主张。同样有问题的是，许多激进的民主理论家所做的如下假设（该假设十分盛行，但无论从经验性还是规范性角度都站不住脚），即只有用以部分代表整体（pars pro toto）的主张，才能真正为之前被排斥的群体争取到有意义的成果，而且任何其他主张都仅会导致被现行的政治和社会体制所收买或招安。[35] 这一视角未能认识到，一个诸如“唯独我们才代表人民”这样的主张也许有时会帮助政治人物获得权力，但增加了保持一个政体长期稳定的难度。一旦身份认同到了无法调和的局面，持续不断的冲突便很容易出现。

指出许多宪法得到发展都归功于那些争取更大包容性的抗争，源于那些平凡的宪法“公民解读者”试图寻回那些在立国之初的文件中未得到落实的道德主张，这一论点几乎是老生常谈。[36]而更值得一提的一点是，那些争取包容性的人们极少声称“我们且仅有我们才是人民”。与之相反，这些抗争者会声称“我们也是人民”（不少领袖随之会附和道“我们也代表着人民”）。基于民主原则的宪法允许对这类原则在某一时代中究竟意味着什么进行无限制的讨论，这些宪法允许一批对代表权做出新主张的新公众亮相。那些之前从未想过他们之间有什么共同点的民众，会响应某个预料之外的为他们代言的请求，并突然之间将自己视作一股集体性的参与力量——视为能够协同一致行动的个人（在此援引汉娜·阿伦特的著名表述）。例如，试想多伦多那位言行怪异的市长罗伯特·福特所塑造的所谓“福特的国度”（Ford Nation）；* 或试想那些特朗普支持者，他们

* “福特的国度”是福特在多伦多市长任内的一个与市民直播的互动节目，目的是倾听民众的观点。——译注

坚称自己不是傲慢的精英批评人士所称的“特朗普无产者”，而是一群有着合理诉求和理念，却未被共和党严肃对待的人群（也可以想想马克思主义的下述说法：一个阶级必须自我塑造成一个阶级，也就是说，需要有意识地成为一股集体性的参与力量）。一个运作良好的民主制度的设计目标，不仅应是扩大，而且最终应能检验那些对代表权的主张。[37] 当然，并不保证这些争论一定会发生，或是那些寻求参与权的抗争一定会成功。（或者更就事论事地说，这些抗争所寻求的首先是参与权，这与那些对抗宪政秩序的努力正相反。而且，这些抗争自然会涉及排外性质的主张。）

理想状况下，宪法可以促进所谓的“要求包容性的环节”。起初“我们人民”这一论述在常规的政治运作中，既没有完全消失，也并不作为一个真正的、现实意义上的、统一的实体（类似一种宏大叙事）游离于既有的秩序之外。实际上，“我们人民”究竟指代谁一直是一个开放性的问题，这个问题从很多角度说都是民主的目的所在。正如克洛德·福尔所言：“民主制度开创了一个人们无法理解、无法掌控的社会，在这个社会里，人民据称是拥有主权的这一点毋庸置疑，但人民的身份内涵总是持续引起公开争议，这一身份将永远是隐蔽的。”[38]

同时这也意味着，“人民”是一种易变的、充满风险的，也许还带有危险性的表述。某些法国和美国革命者明显是这样想的。阿德里安·杜克思诺（Adrien Duquesnoy）在1791年版的《爱国者之友》（*L'Ami des patriots*）中，建议严格限制民众对“人民”一词的使用。[39]而约翰·亚当斯也毫不掩饰他对缺乏控制地使用“人民”一词所带来的潜在后果的忧虑。“放开这样一个导致矛盾和争论的源头是十分危险的……”将会有无穷无尽的争议。新的主张会层出不穷。女人会要求投票。12到21岁的青少年会认为他们的权利不够受到重视，那些身无分文的人会和其他人一样，在所有国家大事上要求平等的话语权。这种做法会打乱、毁坏所有的高下之分，将所有的等级都降到一个共同的水准。[40]

人民这一概念甚至可以被非常传统的精英阶层用于为他们自己谋利，而这些传统精英正是“人民的力量”在民主革命中本应摧毁的对象。俾斯麦1873年在帝国国会上宣称：“我们都属于人民，我也有公民权（Volksrechte），连皇帝陛下也属于人民；我们都是人民，人民不仅是那些提出某种在传统上被称为自由主义，却并非总是自由主义主张的先生们。我反感他们垄断人民的名号，并将我排除在外！”[41]

民主制度常常为重新开启，甚至创造全新的术语来回应与人民相关的问题创造可能性，正如总是存在着以民主理念的名义来批评某一民主政体现状的可能性。正如谢尔顿·沃林曾说：“从古到今，民主是唯一会谴责自身对平等与包容性之否定的一种政治理念。”[42]从这一意义上说，也可以说民主永远承受着代表性的危机。[43]同时需要指出的重要一点是，这场危机并非仅与谁被代表、如何被代表的问题相关，正如要求更大的包容性可能会转变为要求政治与社会结构的整体变革（而并非仅接纳更多群体参与本质上没有改变的体制）。[44]民主制度整体也许应该拥有这样的座右铭：“努力过。失败过。没关系。屡战屡败。屡败屡战。每一次失败都比上一次败得更高明。”

然而正是通过宣称人民可以被严格而完善地定义（而且“人民”一词变成了有实义的，而非隐喻的），民粹主义者打破了这一“要求包容性的环节”。这是某种具有终极意义的宣言。在这一意义上，民粹主义者实际希望以某种方式终结讨论（尤其包含从宪法层面终结讨论），并不像那些会通过要求更大的包容性以致力于实现进一步包容的主张（或者说，延续这一要求包容性的环节）的人。从某种意义上说，茶党是此类鼓吹从宪法层面终结讨论的一个典型例子。

那么，那些在埃及解放广场听到的呐喊，或者，回溯到四分之一世纪以前，1989 年秋天东德街头那些充满激情的“我们是人民”的呼声，又该如何被评价呢？在一个宣称唯一代表人民，事实上却把一大部分人民排除于政治之外的政权面前，这些口号是完全合理的。甚至可以进一步说，这些表面看上去似乎是极端民粹主义的口号，其实是反民粹主义的主张：政权自诩为唯一代表人民，也代表人民深思熟虑的、长远的利益。然而事实上，“人民”既是另一个群体，也有着另一类需求。在非民主国家中，“我们才是人民”是一种合理的革命宣言，完全不是一种民粹主义宣言。而且在那些试探着代议民主的界限，却仍对规则流程（及既成现状）有一定尊重的民粹主义政权中，区区一个对政权看似微小的挑战就能引起巨大回响。试想镇压盖齐公园示威者的前夜，伊斯坦布尔塔克西姆广场上那个唯一的“站立者”。抗议已被禁止，但这人并不在示威，他只是孤身一人站在这里。他是一个沉默的见证者，向人们提醒着土耳其国父凯末尔的共和理念（他面向着土耳其国父雕像），同时他也是一个活生生的、真实耸立着的控诉者，所反抗的是政府扬言能毫无遗漏地代表所有真正的土耳其人这一宣言。最终，许多男女和他站到了一起，没有人说话，也没有人举着标语。埃尔多安随后的行动吻合了本章前文所述的治理方式：他宣布埃德姆·京迪兹（也就是这个站立者的名字）是一个外国间谍。正如京迪兹接受一家德国报纸采访时所述：“一个日后成为埃尔多安顾问的亲政府记者指责我是塞尔维亚公民运动组织‘抵抗’的成员，该组织发起了米洛舍维奇的倒台运动。而土耳其政府欧洲事务部长艾格曼·巴厄什则发推特说，我在这场作秀之前曾经在德国大使馆待了三天。而事实上，我根本没去过德国大使馆。”[45]

现如今，一项主张究竟是民主的还是民粹的并不总是一个清晰明了的问题。例如在埃及，有一段介于解放广场抗议运动与障碍重重的制宪过程之间的时期，并不能轻易辨别这段时期该如何归类（并不能通过它们是否提起“人民”一词而轻易下判断）。然而事实是2012年到2013年间，穆斯林兄弟会显然在寻求制定一部民粹主义和党派色彩的宪法，以界定该党理念中纯粹的人民形象，并基于他们所理解的成为好埃及人的必要条件而出台限制措施。[46] 冲突因此便难以避免了。[47]

第三章

如何对待民粹主义者

行文至此我们要问，既然民粹主义者总是如此明显地支持威权主义，并可能对民主制度造成严重损害，为什么有人还要支持民粹主义者呢？民粹主义领袖在许多国家拥有数百万支持者的事实，是否可以作为这数百万人拥有威权人格的证据呢？（回到我们第一章关于心理诊断的讨论）我们的同胞中是否真有许多人乐意把我们排斥在外，如果我们在他们眼中不符合“真正的美国人”的定义？这一章，我要为难一下那些想要简单地从理念层面上进行挑战，驳斥民粹主义的自由民主主义者（而非将其当作一个需要用种种手段应对的现实问题）。我会指出，民粹主义的号召力是如何得益于意大利民主理论家诺韦尔托·博维奥所言的

“民主未兑现的承诺”。我还会阐明，民粹主义如何看似解决了一个自由民主制没有答案的问题，这个问题就是“人民”最初的边界应由什么构成。最后我会试图解释，美国和欧洲的特殊历史状况助长了我们这个时代的民粹主义狂潮。我在结论中会提供一些如何最有效与民粹主义者交流（而非仅仅谈论他们），同时又不至于最终陷入他们的谈话方式的建议。

民粹主义和民主制未能兑现的承诺

该怎么解释民粹主义的吸引力呢？当然，恩庇政治和歧视性法制的受益者能找到民粹主义值得拥护的理由。但我还是要指出，民粹主义的成功也可能与所谓民主的承诺未能实现以及在当下社会某种程度上它无法实现相关。没有人正式做出过这些承诺，这些承诺更像是有时所说的“通俗化的民主理论”[1]，或者说是某些直觉认识，这些直觉认识不仅解释了当代世界上民主制度的吸引力，也解释了民主制度的周期性失败。

简单地说，民主最重要的一项承诺是人民能够统治。至少在理论上，民粹主义宣称人民是一个整体，他们不仅有共同和统一的意志，而且人民也能通过合适的代表来实施他们以强制授权的形式所做出的要求。许多人对于民主的第一感觉可以这样被解读：民主就是自我治理，理想的统治者并不是多数人，而是全体人民。甚至在民主的雅典，这也不是实际情况，但雅典是可以想象到的最接近这种概念的民主制，无论从形成某种意义上的集体治理能力，还是从公民实际参与集体性行动这一角度而言（但关键的一点是，从公民能轮流进行统治和被统治的理解角度而言，没有轮换担任与卸任公职，就没有民主可言）。[2] 任何头脑不迟钝的人都能看出这种集体掌控自身命运的吸引力，故一个人如果因为这一承诺在现实中无法实现而产生失落感，也是可以理解的。

现在，在民粹主义者的话语中，这些理想似乎可以实现。在他们的言行中，人民似乎可以产生单一的决断，形成单一的意志，并由此发出单一而明确的指令。在他们的言行中，人民似乎是一个整体，而任何对立（如果承认存在任何对立）则会很快消失。在他们的话语里，人民似乎只需授权于正确的民意代表，他们就可以完全主宰自己的命运。毫无疑问，他们所说的不是人民集体行使治理权的这种能力，他们也不假惺惺地装出认为人民自己可以实际担任国家公职的样子。正如我所强调的，民粹主义在代议制民主的现实情境下，仅能存在于设想之中。

民主与民粹的主要差异现在应该很清楚了：前者让多数人能授权于民意代表，但民意代表不一定最终遵循多数公民的期望或原本的意愿；而后者则假定民粹主义政府的所有决策都不应受到质疑，因为它们是“人民”的意愿。前者认为不断变化的多数派所做的判断可能会出错，应允许受到质疑；而后者则想象出了一个独立于所有制度之外的同质化的实体，该实体的身份认同和观念能被完全地代表。前者认为人民充其量是由各个个体组成的，所以最终有效力的还是（选举中的）人数；而后者则理所当然地声称，存在着一个多少有着神秘色彩的“思想”，甚至连大量民众（甚至是占多数的民众）都无法适当地表现这一思想。前者认为，按照民主程序所做出的决策并非“道德”的，如果“道德”意味着所有的反对意见都必须被视为“不道德”的话；而后者则假定，就算那些在高度争议的情况下做出的决策也仍旧有着道德上的合理性。最后，也是最重要的一点，前者认为“人民”从来无法以非制度化的形式出现，更具体地说，就是前者认为多数派（甚至是“压倒性多数”，弗拉基米尔·普京最喜欢的词汇）并非“人民”，也不能以人民的名义发言；而后者的假定则完全相反。

既然如此，似乎代议民主政体完全不需要诉诸“人民”一词就能基本运行。这种说法是对的吗？我们是否忽略了什么？或者说，是否对民主制度的所有合理的关切（关于更高的参与度，或更好的议事形式，或是多数人无法在当代西方的金融资本主义条件下获得公平状况）都可以换成这样的表达方式，以完全消除对“人民”的需求？

我认为诸如此类的关切确实可以换一种表述方式——但这种关切也许会不再受欢迎，并非因为“人民”一词不见了，而是因为另外某样东西在我们眼前消失了，即政党民主。[3]政党曾在一个多元社会与一个政治体制之间发挥媒介作用，而政治体制迟早会做出不能令所有人满意的威权性决策。甚至那些"输家"也需要认可这些决策，尽管他们坚定地知道未来某时他们大有获胜的机会。简而言之，民主制是一种你知道自己可能会输，但你也知道自己不会总输的制度。政党能组织政府，也能形成有合法地位的反对派。政党作为一个有合法地位的"组成部分"（而非整体）*，这本身就有着反民粹主义的意味。这甚至对那些自称为"人民党"的大型"全民政党"也一样成立，尽管其名称听上去有民粹色彩，但它们从未声称自己独一无二地代表人民整体。相反，它们给出了两三种相互对立的人民概念，强调这些概念间的差异，但同时也承认对立的一方是合法的（这种策略对那些经历过内战，但最终认识到共存必要性的国家尤为充满吸引力。试想在奥地利，该国中支持社会主义的群体和保守天主教的"黑色分子"双方需要找到在同一政治空间中共存的合理方案）。简单地说，政党所代表的是多元化，而政党体制则象征着统一。

如今，许多迹象都显示，无论政党还是政党体制都不再行使它们各自的职能。学者已经指出，政党体系越弱的

* 在英语中"政党（party）"与"组成部分（part）"词源相同。——译注

地方，民粹主义越强大。在那些政党体系曾经稳定牢固而后却瓦解了的地区，民粹主义者的机会显著增加了：试想一下意大利战后的政党体系在1990年代初内部崩溃，是如何产生了席尔维奥·贝卢斯科尼的。如果凯尔森是对的话，现代情境下的民主制只能意味着政党民主，那么政党和政党体制的逐渐瓦解就不再是一个微不足道的经验性细节。这一现象既影响了民主制度的存活能力，也影响了民主理念（其为政治共同体提供某种意义上的团结和集体机制）剩下的遗产。

自由民主制对民粹主义的批判：三个问题

论述到这里，我已认定甚至断言，民粹主义者的错误在于把“真正的人民”从实际生活在一国中的全体民众中割裂出去，进而把那些与民粹主义者持不同立场的公民排斥在外。试想一下当年乔治·华莱士关于“真正美国人”的喋喋不休的言论，或是右翼将巴拉克·奥巴马称为“非美国人”甚至“反美国”总统的言论。然而，在谴责民粹主义者种种排斥异己的倾向时，我们还引发了一个问题：除了某人出生在某一特定地点、是什么样父母的子女之类历史偶然性事件之外，究竟是什么决定了人民的成员资格？由何人来决定？简单地说，指责民粹主义者有排外倾向是一种规范性（normative）的论述，但自由民主主义者（除非他们倡议建立一个有着单一而平等公民地位的世界性国家）同时也纵容了对所有非本国成员的排斥。在政治理论中，这一挑战被称为“边界问题”。这个问题因其没有民主制度下的明确解决方案而引人注目：主张某事应由人民决定，就预先假定了我们知道谁是人民——但谁是人民这一问题本身就是需要一个答案的。

事实上，我们在此可以发现一个有趣的对立。民粹主义者常常在道德层面上区分那些属于人民和不属于人民的人（尽管那些道德标准最终也只不过是身份政治的某种形式）。[4]而自由民主主义者似乎只能诉诸那些原始事实（brute facts），或者换种方式说，诉诸那些历史偶然性。他们可以说事实上某些人是“真正的美国人”，因为他们至少拥有美国公民权。但那仅仅是一个事实，该事实本身并不构成什么规范性的论述。

我们如何能改进这一点呢？我有两个建议。第一，批评民粹主义者将一部分人民排斥在外的这种主张，并不一定要求我们明确界定谁是政治体的一员，谁不是其中一员。没有人有权力像民粹主义者所表现那样，至少从象征意义上剥夺一大批人的公民资格。我并没有说百分之五十一的选民通过正式流程剥夺百分之四十九的选民的投票权就是合理的。我仅仅在此指出，许多公民在面临民粹主义者的暗示时，完全可以这样回应："我可以以任何方式批评别人，同时不去否认他们作为自由、平等的公民同胞的地位。"第二，也是更重要的一点，边界问题并不是任何政治理论能以傲慢的姿态来彻底解决的一类问题。处理这个问题是一个过程，现存的共同体成员与希望加入的成员在此过程中都应有发言权。这个问题应该是民主辩论的对象，而不是一个基于某些不变标准之上的一劳永逸的决断。[5]当然，认为这个过程必然意味着更广泛包容性意义上的进步的想法是错误的，也许，在真正的民主辩论结束后，人民的界定反而会比开始时更加狭隘了。

然而对批评民粹主义的自由民主派来说，问题并未就此结束。到此为止，我们也不假思索地断定反多元化本身就是非民主的。真的是这样吗？多元化，正如它的特殊变体文化多样性一样，常常同时被表现为一个事实和一种价值观。正如边界的问题一样，我们所尚未解决的问题是，为什么一个简单的事实自身会拥有道德分量。接着还存在一个问题，即多元化与多样性并非像自由那样，是一种不证自明的价值观念。没人有充分理由说，更多的多元性必然总是好的。尽管多元主义和自由主义二者常常在自由主义思想中相互关联，但许多哲学家正确地坚称，若进一步深究，要从多元化的存在（尤其是价值观和生活方式的多元化）论证出对自由原则的认可是很困难的。[6]因此我们需要更细致地说明反多元化有什么错。我们可以这样说，民粹主义真正的问题在于，拒绝多元化实际上导致了拒绝一部分公民自由与平等的地位。这些公民也许并非从法定意义上被排斥，但他们的个人价值观、他们对美好生活的观念，甚至他们的物质利益，这些事物在公共空间中的合法性都会受到质疑，甚至被视为微不足道。正如约翰·罗尔斯所主张的，接受多元化并非对于我们生活在多元社会这一经验性事实的承认，相反地，接受多元化意味着一种努力，这种努力试图寻求在同一政治空间中与别人共存的合理方案，他们作为自由而平等的个体而受我们尊重，但同时在身份认同与利益上也与我们完全不同。在这种意义上，拒绝多元化则意味着说："我只能活在这样一个政治世界里，在这个世界里我对政治的观念，或者说我对于谁才是真正美国人的观点必须要盖过其他所有人。"[7]这明显不是一种基于民主的对政治的看法。

最后的一个关切是民主主义者如何回应民粹领袖与政党。在不少国家，非民粹政党（有时还有一些公众媒体）的回应是在民粹主义者周围建隔离带：不与他们合作，绝不与他们建立政治同盟，不进行电视辩论，对他们的政策要求毫不让步。在某些情况下，这种排斥策略的问题从一开始就相当明显。例如，尼古拉·萨科齐不断宣称国民阵线并不认同法国的共和价值观，而与此同时，他却照搬了许多国民阵线针对移民的政策，将他的政党打造成了"轻量级的国民阵线"。这一明显的虚伪行径注定会削弱任何反对国民阵线的对策。不那么显而易见的是，民粹政党以外的所有政治力量合力排斥民粹政党这一事实，本身就加强了民粹主义者声称体制内政党形成了一个“垄断集团”这一主张的可信度，民粹主义者会得意地指出，他们的竞争者无论公开意识形态有何差异，最终的本质都是一样的——于是，民粹主义者乐于把各体制内政党的名称都连在一起称呼，以此加强只有民粹主义者提供了一个真正的不同选择（例如在法国，玛琳·勒庞经常提到“UMPS”，把萨科齐的右翼政党 * 和社会党 ** 的缩写合起来称呼。）

除了这些现实挑战之外（这类挑战更多是关于探讨怎样能成功约束民粹主义激情这一政治影响），还存在着一项与原则相关的担忧。我已经强调，民粹主义的问题是排斥异己。所以我们该如何回应呢？排斥他们！我已经反复指出，民粹主义者是强硬的反多元主义者。所以我们怎么排斥他们？我们自己正在降低整体的多元化。这里似乎什么有点不对劲。这让我们想起了华莱士在他那个时代借以反

* Union pour un Mouvement Populaire, UMP。——译注
** Parti Socialiste, PS。——译注

击自由主义者的说辞，他能在某种程度上有理有据地宣称："世界上最大的持偏见者，怕是那些将别人称为持偏见者的人。"[8]

我的建议是，只要民粹主义者在法律允许的范围内活动（例如不煽动暴力），其他的政治势力（以及媒体从业者）就有某种义务与他们接触。当他们进入国会时，他们所代表的是其选民，如果简单地忽略民粹主义者的话，就必定加深了选民关于这些"现存精英"抛弃了他们，压根就从未关心过他们的观感。但是，和民粹主义者交谈，与像民粹主义者一样交谈是不同的。我们可以严肃对待他们的政治见解，同时不用照单全收地接受这些见解。更具体地说，我们没有必要去认可民粹主义者分析某些问题的方式。回到先前那个例子，1980 年代法国真的有几百万失业人口吗？是的。而正像国民阵线所希望选民相信的那样，每个就业机会都被某个"移民"抢走了吗？当然不是。

这里问题的关键，并不是说恰当的主张和证据是在议会、公开辩论及最终在选举中击败民粹主义者的必然保证。如果民粹主义者真的通过诉诸"真正的人民"的象征性表达以吸引选民，那么这一形象的吸引力并不会因为向选民展示特定政策领域的一系列正确数据而自动消失。但这并不意味着，恰当的主张与证据不会起到作用。例如，在1968年的总统选举中，当工会开始对其成员大肆宣传亚拉巴马州“劳动者”的真实处境以及华莱士作为州长对改善工人境况几乎没付出努力之后，华莱士的竞选活动失去了很大一部分支持者。[9]

而更重要的是，我们也可以在象征意义的层面上与民粹主义者进行互动。这一互动的表现形式可以是关于一个政治体创建之初的立场究竟意味着什么的论辩。同时也可能涉及对之前遭到排斥的一部分民众的象征性认可。我们需要清楚地认识到，诸如埃沃·莫拉莱斯和埃尔多安这样的人并不仅是凭空产生的邪恶的威权统治者，莫拉莱斯为那些几乎完全被排除于政治议程之外的玻利维亚原住民进行呼吁是合理的，而当埃尔多安强化了那些常被贬为“黑色土耳其人”的人群的地位（即安纳托利亚半岛那些贫穷、虔诚的普罗大众）以反抗凯末尔主义者支持的那种片面的、西方化的土耳其共和国形象时，他其实是在推行民主。要求更广泛的参与，并不需要通过那种“以部分代替整体”的形式。如果现有精英采取一些在现实和象征意义两方面更加包容的措施，那么民粹主义对民主的部分伤害也许多少会被扭转。

一场代表性的危机？美国的情形

我们分析至此的一个结论（或许看似十分反直觉）是美国历史上的唯一一个公开自称为“民粹主义”的政党实际上并不是民粹主义的。众所周知，美国的平民党运动*是一个在1890年代主要由农民构成的运动。该运动短暂地威胁了民主党与共和党对美国政治体制的掌控。无疑，该运动并不是美国历史上第一个历史学家所认定的民粹主义的实例。一方面，美国国父们自己显然对缺乏约束的人民主权充满警惕。他们小心翼翼地尝试避免如下的状况，即一个想像中的民众集体会与新生的政治制度对抗。这就是《联邦论》第六十三篇所表达的意思：“很明显，古代的人

*“平民党人”和“民粹主义者”的英文都是populist这个单词。——译注

既非不了解代议制原则，也未在其政治制度中对此原则全然忽视。古代政治制度与美国政府的真正区别，在于美国政府中**完全排除作为集体身份存在的人民**，而并不在于古代政治制度中**完全排除人民的某些代表**。”（强调为原文所加）但同时，国父们也提到了“人民的睿智”[10]，及宪法中包含的诸多“人民的”元素，从陪审团到民兵等。[11]托马斯·杰斐逊一开始就提出了一套共和主义的以及从生产者视角出发的话语，这套话语日后会被许多政治修辞家在捍卫勤奋工作的多数人的权利时重新提起。几乎所有的新教教派都坚持以下观念，即个人无须牧师的帮助便可找到精神上的真理。安德鲁·杰克逊，那位在“平民时代”中发挥了核心作用，在竞选中打着反对“金钱权力”旗号的人，被不同观点视为推进民主的主力或一位“民粹主义者”，他被称为“暴民之王”是有原因的，因为他创造了一种新的政治风格，此后公众人物常提到“小木屋”和“发酵苹果汁”来表现他们与“普通民众”同在，并为其而奋斗。到了1850年，出现了本土主义的（尤为反对天主教）无知党运动。该党原本被称为“本土美国人党”，之后该党将名称简化为“美国人党”（这一名称本身就提出了排他性的代表权宣示）。该党成员资格仅对新教徒男性开放，且整个团体都建立在保密基础之上（因此，若一旦被问起，该党成员应回答“我除了祖国外一无所知”）。1892 年人民党成立，而该党成员一开始被称为“Pops”，最终演变成了“Populists”（平民党）。正如许多政治标签一样，这一称呼起初是有贬义的（“Populites”一词是该党的另一个负面称呼），而后来，这一称号所试图丑化的对象反其道而行之，采纳了这一称呼并引以此为傲（“新保守主义”一词在 1970 年代也经历了类似的演变）。[12]

这些自命的平民党人从那些不满足于种田、立志要在政治上翻天覆地的农民们发起的运动中崭露头角。他们的欠债和人身依附的经历（特别是 1890 年代的经济衰退）让他们团结起来争取一系列诉求，最后导致他们同时与民主党和共和党对抗。作为农民，他们尤其需要廉价的信贷和交通设施以便将他们的农产品运达东部地区。因此他们感到自己不得不受银行和铁路所有者的摆布。最终，他们与他们所称的“各色利益”的对抗引发了两项可以大致概括平民党人政治纲领的诉求：一是建立一个国库分库——以开放白银的流通（以对抗那些“嗜金如命的臭财主”的要求）；二是将铁路国有化。[13]

这些平民党人在用政治语言表达诉求时，清晰地将“人民”与自私的精英对立起来。玛丽·伊丽莎白·里斯曾说过这句著名的话：“华尔街占有着这个国家。这已经不再是一个民有、民治、民享的政府，而是一个华尔街有、华尔街治、华尔街享的政府。这个国家伟大的普通人民形同奴隶，而垄断巨头则是主人。”[14]平民党人的话语中充斥着不甚精致的道德论断，他们谈论着那些“财阀、显贵以及其他鼠辈”，有些口号（和诗歌）则令人想到“占领华尔街”运动中那些主要的修辞（例如，“九十九人住茅庐饥寒交迫，另外一人住宫殿富可敌国”）。[15]

正如前文提到，1950 年代和 1960 年代的历史学家和政治及社会理论家常常将民粹主义者描绘为受愤怒与憎恶驱使，倾向于接受阴谋论，尤其对种族主义难辞其咎。理查德·霍夫施塔特曾有名言，将其称为“美国政治中的恐惧姿态”。[16]证据并不难找到。佐治亚州的民粹主义者汤姆·华生曾诘问：“（杰斐逊）做梦能想到，在100年可能都不到的时间内，他的党会堕落成满足垄断集团最邪恶目的的娼妓吗？他能想到，嗜血的犹太富翁成了党的领袖，而我国的自由和繁荣，则在杰斐逊式民主的旗号下成为富人阶层贪欲的牺牲品吗？”[17]然而回过头看，似乎很清晰的是，自由主义历史学家与政治理论家所谈论的对象，更多的是麦卡锡主义和激进保守主义的崛起（包括其中最彻底的民粹主义派别，例如约翰·伯奇协会），而非1890年原本的平民党人。

在我看来，平民党人是一个为普通民众发声倡议，却不自诩代表整个人民的实例。当然，有些地方存在一些模棱两可的（或可能有意而为之的）特例，甚至存在于人民党创建时所依据的《奥马哈纲领》中：

> 我们见证了四分之一多世纪以来两大政党的权力争斗与掠夺，而这些严重的错误却由受苦的人民承担着。我们控诉那些掌控着政党的主宰势力放任当下苦难状况的恶化，而不去采取切实措

施预防或制止之。他们亦没有向我们承诺任何实质性的变革。他们在下一场选战中，合谋忽略了所有问题，除了一件事。他们计划将受尽劫掠的人民的呼声淹没在那个有关关税的虚假争论之下，这样一来，资本家、公司企业、国家银行、小圈子、托拉斯、注水股票、白银的去货币化、惩戒高利贷者种种议题都会淡出视野。他们计划在财神的祭坛上，牺牲我们的住宅、生计和子孙；毁灭芸芸大众以保障百万富翁的腐败财产。

我们在建国纪念日集会，满怀着奠定我国独立的那些伟大将军与领袖的精神，试图将这个共和国重新归还于它所发源的平民阶级手中。我们声明我们的目标与国家宪法的目标一致。为的是塑造一个更完美的联邦，树立正义，保证国内和平，维护公共防务，促进普遍福利，保障我们及我们的后代受惠于自由。

平民党人呼吁直选参议员和秘密投票之类的民主化改

革——他们同时主张累进税率，并建立一个我们今天所称的监管型国家。但他们做这些主张时常常提及“平民”。贯彻他们“合作型共和国”的理念也许会产生在世界其他地方会被称为“社会民主主义”的产物。[18] 正如《奥马哈纲领》足够清楚地表明的，平民党人尊重宪法，尽管在美国的情况中（与欧洲情况不同）反对宪政主义不足以成为界定本书论辩意义上民粹主义者的有效标准。毕竟，该部宪法几乎受到所有人的尊崇。

而平民党人很少声称自己是这样的人，尽管他们团结男性和女性、黑人与白人的程度可以说当时没有其他政党能够做到。如果他们没有专门遭到南方民主党人的恶毒攻击的话，也许还能取得大得多的成就：在当时选举舞弊和贿选很普遍，暴力也一样。如果民主党和共和党没有借鉴他们的部分主张；如果他们没有犯下战略和战术上的失误（对此历史学家在充满着规范性色彩的辩论中依然这样认为）；如果“民主党—平民党”联合提名的“了不起的平民”威廉·詹宁斯·布莱恩在1896年大选中获胜的话……如果这些事件都有另一种结局，美国历史的走向有可能大为不同。[19]然而平民党运动并非没有成果。1890年代中期之后，一部分平民党人加入了社会党，至少平民党人的一些主要诉求在进步运动的鼎盛时期得到了实现。此外，正如C. 范恩·伍德沃德在抨击那些1950年代冷战时期的自由派对平民党的误读时所指出的，甚至连1930年代的罗斯福新政也可以说是某种形式的“新平民党主义”。[20]

这并不等于20世纪的美国历史上就没有出现过符合我对民粹主义定义的事例。麦卡锡主义是其中呼之欲出的代表，乔治·华莱士及其拥趸也是如此。吉米·卡特为自己贴过“民粹主义”的标签，但他显然指的是流行于19世纪末的民粹主义，以及福音教派的“民粹主义”内涵与对民主的乡村式和共和党派式（一言以蔽之，即杰弗逊式）理解。至少从某种意义上说，华莱士铺平了这条道路：自他以后，人们得以将南方州长视作美国道德复兴的源泉。（甚至在将近二十年后，我们大可以认为比尔·克林顿仍从这一内涵的遗产中获益。）

直到茶党的崛起和2015年至2016年唐纳德·特朗普意外的成功，本书所述的这种民粹主义才开始在美国政治中发挥举足轻重的角色。很显然，“愤怒”扮演了某种角色，但正如前文早先提及的，“愤怒”本身并不足以解释任何问题。这愤怒的原因，与美国文化发生了令相当比例的美国人感到厌恶的变化有关。[21] 从广义上说，社会议题和性取向上的自由主义价值观（例如同性婚姻）影响力增大，对美国将成为“少数族裔占多数的国家”的担心也在加重，其中“真正的人民”的传统形象，即白人新教徒在社会现实中越来越没有销路。除这些文化因素以外，还有着实际的物质层面上的不满，尤其是很大一部分美国人的经济利益无法在华盛顿被有力地代言，实际上，这一感受很大程度已被严谨的社会科学数据所验证。[22]

正如汉斯彼得·科雷西所认为的那样，西方国家数十年来见证了一场新式冲突的浮现，也就是政治学家口中渴望更开放的一部分人与渴望某种封闭的另一部分公民之间的“裂痕”。[23] 这一冲突可以主要在经济上展开，也可能转变为一个以文化为主的议题。当身份政治占主导地位时，民粹主义者便会得势。问题并不在于经济状况已越来越无法印证资本主义自我标榜的那一套靠竞争与企业家的无畏精神便可令所有人受益的说辞了（甚至连《经济学人》这种并不倾向左派的期刊都开始批评美国的垄断势力了）。而真正的问题是墨西哥人偷走了工作（据说还从事着其他的营生）。当今，我们不应该自欺欺人地认为，所有的身份议题都能完全地归结成物质利益的问题，我们必须严肃看待每个人的价值立场。然而，需要记住文化变革与经济变革的一个重要差异——前者很大程度不会直接影响个人。人们也许不喜欢国家前进的方向，但除了持有传统婚姻观念的婚礼摄影师以外，同性婚姻合法化究竟能影响到谁的日常生活呢？美国克服一小部分激进选民的反对，而发展出更多元、包容与宽松的国家观念，并不是第一次。而对那些最多拥有高中文凭，其技能在今日的美国经济中完全没有市场的男性来说，类似的乐观情形则完全不可能发生。

今日的美国需要在这一方面进行深层的结构性改革，而伯尼·桑德斯等人呼吁人们对这一需求引起注意明显是正确的。现在应很清楚的是，如果本书所建立的标准能令人信服，桑德斯并不是一个左翼民粹主义者。原因并不是左翼民粹主义从定义上来说不存在，正如某些美国之外的左翼人士所认为的这样。原因是民粹主义与政策的内容无关，桑德斯的论调某种程度上与休伊·朗的“分享财富”倡议相似，这与讨论并不相关。民粹主义仅与做出某种特定的道德主张有关，而做出那种主张所需的材料甚至可以取自于——比方说，社会主义理论（查韦斯就是个典型的例子）。

民粹主义与技术官僚体制夹击中的欧洲

本书中所提供的分析的一个推论就是，纳粹主义和法西斯主义应被理解为民粹主义运动。尽管如此，我必须补充，此二者并不单纯是民粹主义运动，同时也显现出一些并非必然是民粹主义的成分：种族主义、对暴力的美化和激进的“领袖原则”。在当今欧洲，1930 年代到 1940 年代极权主义顶峰过后的一个特殊状况便是：无论是战后的政治理论还是战后的政治制度都打上了很深的反威权主义烙印。政治领袖、法学家与哲学家都寻求建立一种首先能避免重蹈旧日极权时代覆辙的政治秩序。他们所依据的是一个无序的旧时代的图景，那一时代的特点是无穷无尽的政治变动、恣意妄为的“群众”和塑造一个完全不受限制的政治主体的尝试，例如一个纯种的德意志民族或“苏维埃人民”（脱胎于斯大林的想象，并在1936年的《斯大林宪法》中成为现实）。

因此，战后欧洲政治进程的总体趋势便是：以巩固民主本身的名义，政治权力趋于碎片化（从分权制衡，甚至是某种混合制宪法的角度看），诸如宪法法院等非民选、不受选举机制问责的机构权力的加强。[24]这一发展趋势无论对错，都是基于欧洲的精英从20世纪中期遭受的灾难中所总结出的特殊教训：西欧战后秩序的创建者常常对人民主权的理念抱有强烈的不信任感。毕竟怎么能信任把法西斯主义者送上台，并与法西斯占领者大肆合作的人民呢？不那么显而易见的一点是，精英同样对议会主权的理念有所保留，更具体地说，是他们对政治势力在议会的授权下为全体人民发言、做决策的理念保留意见（这也印证了凯尔森所批判的超政治的幻觉）。无论如何，难道不是合法的代议制国会分别在1933年和1940年将全部权力交给了希特勒和维希法国的贝当元帅吗？因此，战后欧洲的议会被系统性地削弱了，分权与制衡加强了，而没有选举机制问责的机构（再次以宪法法院为主要例子）则被赋予了不仅捍卫个人权利，而且从总体上保障民主的重任。[25]简而言之，对无限制的人民主权，甚至对无限制的议会主权的不信任感（如一位德国宪法律师所称的“议会专制主义”），可以说深深刻在了战后欧洲政治基因之中。这些我在其他地方所称的“受限民主”（Constrained Democracy）的基本原则，当各国在20世纪的最后三分之一阶段摆脱独裁，转型为自由民主制时，几乎总是被采纳——先是在1970年代的伊比利亚半岛，随即在1989年后的中欧和东欧。

需要强调，欧洲一体化也是制约民意这一系统性尝试的重要组成部分：它在国家层面的制衡之上，增加了超国家层面的制衡（并不是说全部进程是人为策划的，也不是说这一机制的出台天衣无缝。显然，最终的结果取决于在具体政治博弈中占优的那一方——这一点在各国法院与欧洲法院在争夺保障个人权利职能的竞争中尤其突显）。[26]起初，这一制度逻辑更明显地体现在欧洲理事会和欧洲人权公约等机构或机制上。而在1970年代南欧民主转型后，

“锁定”自由民主价值立场的愿景，则在欧洲联盟的具体语境中表现得尤为突出（欧洲联盟简称欧盟，或者在1993年前被称为欧洲经济共同体）。

为什么欧洲会在1970年以来，尤其是近年来面对民粹主义势力尤其脆弱？一些答案看似显而易见：福利国家的弱化、移民问题，尤其是近年来的欧债危机。但是一个危机（无论是经济、社会，还是最终涉及政治）并不会自动地催生本书论辩意义上的这种民粹主义（可能除了当旧政党体系解体的时候）。与此相对，可以说民主既会不断催生危机，同时也可以拥有资源和机制进行自我纠正。[27]而就欧洲当下的民粹主义浪潮而言，我认为，处理欧债危机的具体措施，简单地说就是技术官僚体制对于理解当下民粹主义的崛起十分关键。

民粹主义和技术官僚体制二者以一种新奇的方式相互映衬。技术官僚体制确信只有一种正确的政策解决方案；而民粹主义宣称人民只有一种真实的意愿。[28]而最近，二者似乎交换了各自属性：技术官僚变得更加道德化了（“你们这些希腊人必须悔罪！”——就是必须为过去的挥霍而忏悔），而民粹主义却变得专业化（试想贝卢斯科尼和捷克的巴比什关于治理国家像运营他们的一间公司一样的承诺）。而无论对技术官僚还是民粹主义者来说，都不存在以民主方式辩论的必要。从某种意义上说，两者都出奇地去政治化。因此，有理由认为两者相辅相成，因为每一方都在把这一观念合理化，即没有真正的空间可以容纳不同意见。归根结底，一方认为只有一种正确的政策解决方案，另一方则认为只有一种真正的人民意志。

这一平行关系让我们能更清楚地认识到，将民粹主义的政党及政治运动，与那些也会反对财政紧缩政策和自由放任之类的经济对策，同时却在其他任何方面都与民粹主义毫无相似性的政治势力区分开来的究竟是什么。在芬兰，让“真正芬兰人党”（最近该党干脆改名“芬兰人党”）成为民粹政党的，并非因他们批评欧盟，而是由于他们宣称自己独一无二地代表真正的芬兰人。在意大利，人们担忧贝佩·格里洛是民粹主义者，并不是因为他对意大利特权阶级的控诉，而是他宣称自己的运动想要得到（并应该得到）不低于 100% 的议席，因为其他竞逐者恐怕都是腐败和不道德的。根据这种逻辑，格里洛主义者在终极意义上是纯粹的意大利人，这也印证了我之前提到的五星运动内部这种道德上的独裁倾向。

识别真正的民粹主义者，并将他们与那些同样批评精英却并不使用这种以部分代替整体的逻辑的政治势力（例如西班牙的反财政紧缩运动）区分开来，是欧洲民粹主义理论需面对的首要任务。一些观察者所称的“民主活动家”（与民粹主义者相对）首先会推动特定的政策，但在他们谈及人民的场合，他们主张的并非“我们且仅有我们是人民”，而是“我们也是人民”。[29]

同时，对左翼阵营选择性地利用民粹主义者所塑造出的形象来反对新自由主义霸权的策略，也需要一定程度上存疑。关键并非在于这种对新自由主义的批判本身是民粹主义性质的（这一理由与民粹主义属于“不负责任政策”的解释相一致）。这种策略的缺陷在于其叙事框架，该框架也许受了恩内斯特·拉克劳“建构人民是激进政治的主要任务”的影响，即把当今的政治斗争看作人民的一方（“被统治者”）与“市场玩家”的一方（即以投资经理面貌出现的实际统治者）之间的斗争。[30]这样的一种对立能真正动员起“人民”吗？不见得。这种思路会输入真实的民粹主义的政治观吗？很有可能。

因此，渴望某种特殊的“左翼民粹主义”来对抗欧洲许多地区的财政紧缩政策（或就事论事地说，对抗右翼民粹主义的崛起）要么是多余的，要么则是危险的。如果目的仅是提供某种有可靠的左翼替代方案或重振社会民主制，那么这种策略是多此一举的。为什么不去谈论如何组建一个新的多数派，而一定要摆出“建构人民”的姿态呢？这样建构出来的究竟是什么样的人民？但是，如果左翼民粹主义指的真是本书定义和论述意义上的民粹主义，这一想法明显就很危险了。

民粹主义有什么替代方案呢？一种方式试图将那些当今受到排斥的人们（一些社会学家称其为“多余的一群”）纳入体系，同时也避免那些十分有钱有势的成员退出体系。这其实等同于说需要某种新的社会契约。在南欧国家，这样的新社会契约需要广泛的支持，而建构这样的支持只能通过对公平的诉求，而不仅仅是财政上的清廉。毫无疑问，崇高的诉求并不够，还需要一种机制对这样的新方案进行授权。这种机制也许会采用在选举期间实际取得权力的大执政联盟的形式。或者，各社会群体可以正式地重新谈判根本宪政层面上的解决方案，正如冰岛那样，或者以一种波折更少的方式，正如爱尔兰所尝试的那样，尽管后者并未取得显著成效。

结　论

七论民粹主义

一、民粹主义既不是当代民主政治的正当组成部分，也不是非理性的公民所导致的某种病态状况。它是代议制民主永远的阴影。总会存在某种势力借“人民”之名发言，作为挑战当下的掌权精英的方式。古代雅典没有民粹主义，雅典也许会有煽动家，但是没有民粹主义，因为后者仅在代议体制中存在。民粹主义不反对政治代议的原则，他们仅仅坚称他们自己才是合法的民意代表。

二、并非所有批评精英的人都是民粹主义者。除了反对精英之外，民粹主义也反对多元化。他们宣称，他们且只有他们才代表人民，其他的政治竞争者本质上就是非法的，而那些不支持他们的人不是真正意义上人民的一部分。当他们在野时，民粹主义者必然会坚称精英是不道德的，而人民则是道德的、同质化的，且不可能犯错的实体。

三、民粹主义者似乎经常宣称自己代表人民所希望的集体利益。但仔细探究便可发现，民粹主义者所在意的，与其说是在一个真正的形成民意的过程之后，每个有常识的人都能归纳出的公共利益，不如说是某种能借以推断出正确的政策的“真正人民”的象征性表征。这就让民粹主义者免受现实经验的批驳。民粹主义者总希望打着“真正人民”和“沉默大多数”的旗号，对抗民选代表和选举出的官方结果。

四、尽管民粹主义者常主张进行全民公投，这类行为并非旨在开展一场没有条件限制的，形成民主意愿的流程。民粹主义者仅仅希望他们已确定好的真正人民的意愿得到认可。民粹主义并不是一条通往更广泛政治参与的道路。

五、民粹主义者有能力治理，而且他们治理时往往会与他们的根本承诺，即他们且仅他们代表人民的理念相一致。更具体地说，他们会占据国家，大肆推行恩庇政治和贪污腐败，同时会彻底地压制批判他们的公民社会等。这些行径在民粹主义的政治想象中找到了明确的道德支撑，因此民粹主义者能公开地承认。民粹主义者也会制定宪法，这些宪法是充满党派色彩或具排斥性的，旨在打着贯彻某些所谓的人民原本的、真实的意愿的旗号维持民粹主义者的权力。这些宪法往往在某时会导致严重的宪政冲突。

六、民粹主义者应该为他们的本质而遭到批判——他们是民主的真正威胁（并非仅对“自由主义”构成威胁）但这并不意味着在政治讨论中不应该与他们互动。和民粹主义者交谈不同于像民粹主义者一样交谈，可以严肃对待他们所提出的问题，同时不认同他们处理问题的方式。

七、民粹主义并不会像有时所说的，从让政治“离人民更近”甚至重新确立人民主权这一角度，成为自由民主制的矫正方案。但有必要清楚说明的是，一部分民众确实未被充分代表（这种代表性的缺乏可能是利益或身份认同上的，或者两者皆是）。但这并不能支持民粹主义者关于只有其支持者才是真正的人民以及他们是唯一的合法民意代表这一主张。因而，民粹主义会迫使自由民主制的捍卫者更认真地思考如今的代议制有什么失败之处。民粹主义也会促使他们应对更加广泛的道德问题。归属于某个政治体的标准是什么？多元主义到底为什么值得存续？若将民粹主义者选民视为自由、平等的公民，而非受沮丧、愤怒和憎恨驱使的病态个例，又该如何处理他们的关切？希望这本书对以上所述的问题至少能提出一些初步的回应。

注　释

导　论

1. Ivan Krastev, “The Populist Moment,” 来源为 http: //www.eurozine.com/articles/2007–09–18–krastev-en.html, 2012 年 3 月查阅。

2. Daniel A. Bell, *The China Model: Political Meritocracy and the Limits of Democracy* (Princeton, NJ: Princeton University Press, 2015).

第一章

1. Ghita Ionescu and Ernest Gellner, “Introduction,” in Ghita Ionescu and Ernest Gellner (eds.), *Populism: Its Meaning and National*

Character (London: Weidenfeld & Nicolson, 1969), 1—5; 此处为第 1 页。

2. 关于政府面对的负责任或者有求必应的两难抉择，系统的处理方式可见 Peter Mair, *Ruling the Void: The Hollowing of Western Democracy* (New York: Verso, 2013)。

3. Cas Mudde and Cristóbal Rovira Kaltwasser (eds.), *Populism in Europe and the Americas: Threat or Corrective for Democracy?* (New York: Cambridge University Press, 2013).

4. Benjamin Arditi, "Populism as an Internal Periphery of Democratic Politics," in Francisco Panizza（ed.）, *Populism and the Mirror of Democracy*(London: Verso, 2005), 72—98.

5. 确实，打着自由主义价值名号的某类特殊的民粹主义近年来在部分欧洲国家兴起。试想荷兰的平·佛图恩（Pim Fortuyn）和海尔特·维尔德斯（Geert Wilders）。但这依然是利用"自由"与"宽容"作为标签的民粹主义，从道德上将真正的人民与不属于己类的人区分开来的民粹主义，这并不是自由主义。

6. 在此并不是说一切都是相对的。民主是一个高度争议的概念，但这并不是放弃研究民主理论的理由。

7. 从技术层面说，我试图按马克斯·韦伯的提议构建一种理想的政体类型。这么做的原因是希望能部分指出我所认为的民粹与民主的差异。在此处，一个明显的危险是循环论证：一个人将他政治、道德甚至审美上所厌恶的种种特质纳入民粹主义的定义，为的仅仅是说明民粹与民主是不同的，如果假设民主并非一个争议的概念，而有着一个所有人必须认同的含义的话，达成这一目标会容易些。换句话说，通过充满高度偏见地描绘对立面，来试图构建一幅有着清晰范式的图景存在着危险性。这与研究民粹主义的比较政治学者所担心的并不一样，他们的主要担心是概念的过于宽泛。See Giovanni Sartori, "Concept Misformation in Comparative Politics," in *American Political Science Review*, vol.64 (1970), 1033—1053.

8. 我认同有人对所谓"理论的理论"的关切，一种政治理论仅仅为了回应其他理论，而不涉及当代史的各种复杂性及其经常展现出的纯粹不透明性。但我并不认为，狂热地诉求于"现实主义"是表达这一关切的最好方式，而这只能导致更多"理论的理论"产生，这些理论此时仅仅是针对具体化的"现实主义"。与其辩论"有什么已经做到了"这一问题是否合理，理论家应着手去做一些事。

9. Ralf Dahrendorf, "Acht Anmerkungen zum Populismus," in *Transit: Europäische Revue*, no.25 (2003), 156—163.

10. 关于新自由主义政策和民粹主义是否完全协调一

致（这类主张的一个逻辑）是另一个问题。See Kurt Weyland, "Neopopulism and Neoliberalism in Latin America: Unexpected Affinities," in *Studies in Comparative International Development*, vol.31 (1996), 3—31 and Cristóbal Rovira Kaltwasser, "From Right Populism in the 1990s to Left Populism in the 2000s—And Back Again?," in Juan Pablo Luna and Cristóbal Rovira Kaltwasser (eds.), *The Resilience of the Latin American Right* (Baltimore: Johns Hopkins University Press, 2014), 143—166.

11. 这一问题是任何负责任的马克斯·韦伯的读者都会立刻问到的。

12. Karin Priester, *Rechter und linker Populismus: Annäherung an ein Chamäleon* (Frankfurt am Main: Campus, 2012), 17.

13. 关于这一性别间差距，参见 Cas Mudde and Cristóbal Rovira Kaltwasser, "Populism," in Michael Freeden et al. (eds.), *The Oxford Handbook of Political Ideologies* (New York: Oxford University Press, 2013), S. 493—512。

14. Vanessa Williamson, Theda Skocpol, John Coggin, "The Tea Party and the Remaking of Republican Conservatism," in *Perspectives on Politics*, vol.9 (2011), 25—43; 此处为第 33 页。

15. Mark Elchardus and Bram Spruyt, "Populism, Persistent

Republicanism and Declinism: An Empirical Analysis of Populism as a Thin Ideology," in *Government and Opposition,* vol.51 (2016), 111—133.

16. Roy Kemmers, Jeroen van der Waal, and Stef Aupers, "Becoming Politically Discontented: Anti-Establishment Careers of Dutch Nonvoters and PVV Voters," in *Current Sociology,* http: //csi.sagepub.com/content/early/2015/11/15/0011392115609651.full.pdf+html.

17. 有必要指出一个人不会同时是憎恨的和愤怒的：愤怒立刻会表达出来，而憎恨则会"发酵"，作为某种对复仇的欲望随着时间增长。

18. Max Scheler, *Ressentiment,* ed. Lewis A. Coser, trans. William W. Holdheim (New York: Free Press, 1961).

19. 这一研究的作者大言不惭地下结论道："像玛丽娜·勒庞、海尔特·维尔德斯、萨拉·佩林和奈杰尔·法拉奇等民粹主义者精通动员起那些具有低亲和力人格的选民。这是将不同语境下的各种民粹主义者团结起来的原因，也是把他们在政治语境中与现存政党区分开来的原因，也同时是他们看似意外的成功的深层原因。"（第 317 页）

20. 对于情感如何有"认知上的前车之鉴"的论述，参见 Jon Elster, *Alchemies of the Mind: Rationality and the Emotions* (Cambridge: Cambridge University Press, 1999)。

21. 然而，事实上并非现今所有批评“民粹主义者”的人都像马尔科·德拉莫（Marco D’Eramo）所想的那样，从规范性层面上称得上是真正的激进民主主义者。参见其文“Populism and the New Oligarchy,” in *New Left Review*, no.82 (July—August 2013), 5—28。

22. Seymour M. Lipset, *Political Man: The Social Bases of Politics* (Garden City, NY: Doubleday, 1963), 178.

23. Victor C. Ferkiss, “Populist Influences on American Fascism,” in *The Western Political Quarterly*, vol.10 (1957), 350—373; 此处为第 352 页。

24. 对于超越“憎恨”这一诊断结论之上的对茶党案例的分析，参见 Lisa Disch, “The Tea Party: A ‘White Citizenship Movement?,’ ” in Lawrence Rosenthal and Christine Trost (eds.), *Steep: The Precipitous Rise of the Tea Party* (Berkeley: University of California Press, 2012), 133—151。

25. Helmut Dubiel, “Das Gespenst des Populismus,” in Helmut Dubiel (ed.), *Populismus und Aufklärung* (Frankfurt am Main: Suhrkamp. 1986), 33—50; 此处为第 35 页。

26. 正如我将在后文论述的，民粹主义者并不反对代议制，因此我反对这种把“民粹民主”和“代议民主”对立起来的分析方式。其中一例可参见 Koen Abts 和 Stefan Rummens 所作，除此观点外很优秀的一篇文章"Populism versus Democracy," in *Political Studies*, vol.55 (2007), 405—424。

27. 存在一些经验性的证据表明民粹政党的选民同时也持有明显不宽容，反多元的观点。See Agnes Akkerman, Cas Mudde, and Andrej Zaslove, "How Populist Are the People? Measuring Populist Attitudes in Voters," in *Comparative Political Studies* (2013), 1—30.

28. Claude Lefort, *Democracy and Political Theory*, trans. David Macey (Cambridge, UK: Polity, 1988), 79.

29. Nancy L. Rosenblum, *On the Side of the Angels: An Appreciation of Parties and Partisanship* (Princeton, NJ: Princeton University Press, 2008).

30. See also C. Vann Woodward, "The Populist Heritage and the Intellectual," in *The American Scholar*, vol.29 (1959—1960), 55—72.

31. Andrew Arato, "Political Theology and Populism," in *Social Research*, vol.80 (2013), 143—172.

32. "The Inaugural Address of Governor George C. Wallace, January 14, 1963, Montgomery, Alabama," 来源为 http: //digital.archives.alabama.gov/cdm/ref/collection/voices/id/2952, 2016 年 4 月 28 日获取。

33. 华莱士在以下言论中明确地将真正的美国等同于"南方土地"："听我说，南方人！你们这些北上、西进、遍布全国的儿女们……我们从你们的南方故土对你们发出呼吁，希望你们与我们在全国并肩协作，投下自己的一票……无论你们身在何方，离南方腹地多远……你们会响应我们，纵使你们在广袤国土最遥远的地方，你们的心从未离开南方。”参见出处同上。

34. 出处同上。

35. 感谢 Damon Linker 向我指出这条引用。请参见“CBS Weekend News”，资料来源为网络档案馆，2016 年 5 月 7 日：https: //archive.org/details/KPIX_20160508_003000_CBS_Weekend_News#start/540/end/600。

36. Margaret Canovan, *The People* (Cambridge, UK: Polity, 2005).

37. 生产主义不可能是纯粹经济层面上的——这是一个颂扬生产者的道德性概念。试想乔治·索雷尔（George Sorel）的政治思想便为一个重要的例子。

38. Michael Kazin, *The Populist Persuasion: An American History* (Ithaca, NY: Cornell University Press, 1998).

39. 我们得益于拥有一整套关于“本国出生公民”的学术文献。See, for instance, Paul Clement and Neal Katyal, “On the Meaning of ‘Natural Born Citizen,’” *Harvard Law Review*, March 11, 2016, http: //harvardlawreview.org/2015/03/on-the-meaning-of-natural-born-citizen.

40. 就此信息我要感谢 Ivan Krastev 和 Zsolt Enyedi。

41. 在此处，民粹主义者突然间似乎会像是民主的认识论概念的捍卫者一样。

42. Cas Mudde and Cristóbal Rovira Kaltwasser, "Populism," in Michael Freeden et al. (eds.), *The Oxford Handbook of Political Ideologies* (New York: Oxford University Press, 2013), 493—512.

43. 皮埃尔·罗桑瓦隆认为民粹主义涉及三重简单化：首先是划分同质化人民对抗腐败精英这种政治社会学上的简单化；其次是针对充满中介势力的复杂世界的流程与制度上的简单化；第三是将社会纽带简单化为一个同质化身份认同的问题。See Pierre Rosanvallon, "Penser le populisme," in *La Vie des idées*, 2011 年 9 月 27 日，来源为 http: //www.laviedesidees.fr/Penser-le-populisme.html, 于 2016 年 2 月 18 日查阅。

44. Quoted in Zsolt Enyedi, "Plebeians, Citoyens and Aristocrats, or Where Is the Bottom of the Bottom-up? The Case of Hungary," in Hanspeter Kriesi and Takis S. Pappas (eds.) , *European Populism in the Shadow of the Great Recession* (Colchester, UK: ECPR Press, 2015), 235—250; 此处为第 239 到第 240 页。

45. 正如吉尔·勒颇尔（Jill Lepore）所指出的，该术语曾经是用在逝者身上的委婉说法，直到尼克松将其用作指代假想的支持越南战争的大多数。See Jill Lepore, *The Whites of Their Eyes: The Tea*

Party's Revolution and the Battle over American History (Princeton, NJ: Princeton University Press, 2010), 4—5.

46. See, for instance, Giovanni Gentile, "The Philosophic Basis of Fascism," in *Foreign Affairs*, vol.6 (1927—1928), 290—304。

47. Hans Kelsen, *Vom Wesen und Wert der Demokratie* (1929; repr., Aalen: Scientia, 1981), 22. 凯尔森同时也下结论说，当代民主制不可避免地会成为政党民主制。

48. 民粹主义对人民的这种符号化表现并非是完全新颖的。巴尔都斯（Baldus）等中世纪理论家秉持着一种观念，这种观念可与国王的两个身体（The King's two bodies）这一理论相类比。根据这一理念，一方面存在着作为一群个体而存在的经验性的、不断演变的人民，另一方面存在着作为某种隐秘主体而存在的永恒的人民。See Ernst H. Kantorowitz, *The King's Two Bodies: A Study in Medieval Political Theology* (1957, repr., Princeton, NJ: Princeton University Press, 1997). 隐秘主体（corpus mysticum）这一术语带有团体性的含义，代表着虚指的或法学意义上的（集体的）个人，所以该词在使用时常与"虚指的个体"、"想象的个体"、"代表性的个体"等同。正如总是存在某种将国王的政治身体与君王的自然身体区分开的可能性，作为政治实体的人民（用巴尔都斯的话说就是"人民结合为一个隐秘的主体"）也可以与通过政治机构作为媒介所代表的人民区分开。正如对那些查理一世的反对者来说，“为了捍卫君主而与国王对抗”并非自相矛盾一样，民粹主义者宣称对抗民主选举出的精英是为了捍卫真正的人民，进而捍卫民主。当一位查韦斯的支持者解释道“告诉我们查韦斯主义者说查韦斯已死，就像告诉一个基督徒耶稣已死”时，国王的两个身体似乎不仅健在，而且安然无恙。See Carl Moses, “Bilderstrum in Caracas,” in *Frankfurter Allgemeine Zeitung,* 2016 年 1 月 8 日，https: //m.faz.net/aktuell/politik/ausland/amerika/venezuela-bildersturm-in-caracas-14004250.html, 2016 年 1 月 15 日查阅。

49. Pierre Rosanvallon, “Revolutionary Democracy,” in Pierre Rosanvallon, *Democracy Past and Future,* ed. Samuel Moyn (New York: Columbia University Press, 2006), 79—97; 此处为第 79 页到第 82 页。约翰·昆西·亚当斯曾评论道：“民主制没有纪念碑。它不颁发奖章。它不将任何人头像铸在硬币上。它本质上是打破一切偶像的。”该段引文来自 Jason Frank, “The Living Image of the People,” in *Theory & Event,* vol.18, no.1 (2015), 来源为 https: //muse.jhu.edu/ article/566086。事实上，在前民主时代存在民主的雕像，形象常是穿着朴素的衣服，手拿着蛇（象征着人民被束缚在地面上，有人也许会认为它们可能还有毒）。See Uwe Fleckner et al. (eds.), *Politische Ikonographie: Ein Handbuch* (Munich: C. H.

Beck, 2011).

50. 一个实例可参见瑞士人民党的《契约》，来源为 http: //www.svp.ch/de/assets/File/positionen/vertrag/Vertrag.pdf 2015 年 2 月 13 日查阅。

51. Christopher H. Achen and Larry M. Bartels, *Democracy for Realists: Why Elections Do Not Produce Responsive Government* (Princeton, NJ: Princeton University Press, 2016).

52. Quoted in Paula Diehl, "The Populist Twist," 作者自存手稿。

53. Kathleen Bruhn, "'To Hell with Your Corrupt Institutions!': AMLO and Populism in Mexico," in Cas Mudde and Cristóbal Rovira Kaltwasser (eds.), *Populism in Europe and the Americas: Threat or Corrective for Democracy?* (New York: Cambridge University Press, 2012), 88—112.

54. Mark Meckler and Jenny Beth Martin, *Tea Party Patriots: The Second American Revolution* (New York: Holt, 2012), 14.

55. Bernard Manin, *The Principles of Representative Government* (New York: Cambridge University Press, 1997).

56. 出处同上。

57. 出处同上。"身份认同"其实是国家社会主义一类运动的承诺，卡尔·施米特从法理层面上将其赋予了可操作性，用以强调种族一体化（Artgeichheit），即元首与人民之间的种族一元性或身份认同。See Carl Schmitt, *Staat, Bewegung, Volk: Die Dreigliederung der politischen Einheit* (Hamburg: Hanseatische Verlagsgesellschaft, 1935).

58. Nadia Urbinati, "A Revolt against Intermediary Bodies," in Constellations, vol.22 (2015), 477—486; and Nadia Urbinati, "Zwischen allgemeiner Anerkennung und Misstrauen," in Transit: Europäische Revue, no.44 (2013).

59. Quoted in Diehl, "Populist Twist."

60. Beppe Grillo, Gianroberto Casaleggio, and Dario Fo, 5 *Sterne: Über Demokratie, Italien und die Zukunft Europas*, trans. Christine Ammann, Antje Peter, and Walter Kögler (Stuttgart: Klett-Cotta, 2013), 107.

61. Jonathan White and Lea Ypi, "On Partisan Political Justification," in *American Political Science Review*, vol.105 (2011), 381—396.

62. Paul Lucardie and Gerrit Voerman, "Geert Wilders and the Party for Freedom in the Netherlands: A Political Entrepreneur in the Polder," in Karsten Grabow and Florian Hartleb (eds.), *Exposing the Demagogues: Right-Wing and National Populist Parties in Europe*, 187—203, http: //www.kas.de/wf/doc/kas_35420-544-2-30.pdf?140519123322, 2016 年

1 月 15 日查阅。的确，维尔德斯这种完全的控制有实用角度的原因：他见证了平·佛图恩的政党在他于 2002 年 5 月遇刺后完全瓦解。See Sarah L. de Lange and David Art, "Fortuyn versus Wilders: An Agency-Based Approach to Radical Right Party Building," in *West European Politics*, vol.34 (2011), 1229—1249.

63. De Lange and Art, "Fortuyn versus Wilders," 1229—1249.

64. Diehl, "Populist Twist."

65. 实际上，北方联盟（Lega Nord）的组织方式形如一个部族，而国民阵线则是由一个家庭领导（让—玛利·勒庞让他的女儿玛丽娜继任；而玛丽娜现在则又把大业交给她的侄女玛丽安。当前，勒庞家族的六个成员担任该党候选人。）参见 Ulrike Guérot, "Marine Le Pen und die Metmorphose der französischen Republik," in *Leviathan*, vol.43 (2015), 139—174。

66. Michael Saward, "The Representative Claim," in *Contemporary Political Theory*, vol.5 (2006), 297—318.

67. 出处同上，第 298 页。

68. Paulina Ochoa-Espejo, "Power to Whom? The People between Procedure and Populism," in Carlos de la Torre (ed.), *The Promise and Perils of Populism: Global Perspectives* (Lexington: University Press of Kentucky, 2015), 59—90.

69. Rosenblum, *On the Side of the Angels*.

70. Jürgen Habermas, *Faktizität und Geltung: Beiträge zur Diskustheorie des Rechts und des demokratischen Rechtsstaats* (Frankfurt am Main: Suhrkamp, 1994), 607.

71. Benjamin Moffitt and Simon Tormey, "Rethinking Populism: Politics, Mediatisation and Political Style," in *Political Studies*, vol.62 (2014), 381—397.

72. Robert S. Jansen, "Populist Mobilization: A New Theoretical Approach to Populism," in *Sociological Theory*, vol.29 (2011), 75—96.

73. See Keith Hawkins, "Is Chávez Populist? Measuring Populist Discourse in Comparative Perspective," in *Comparative Political Studies*, vol.42 (2009), 1040—1067; 及更广义的"Team Populism"一文，来源为 https: //populism.byu.edu/Pages/Home.aspx, accessed ，2016年4月22日查阅。

第二章

1. 一个能说明问题的特例可参见 Daniele Albertazzi and Duncan McDonnell, *Populists in Power* (New York: Routledge, 2015)。

2. José Pedro Zúquete, "The Missionary Politics of Hugo Chávez," in

Latin American Politics and Society, vol.50 (2008), 91—121；此处为第105页。

3. Benjamin Moffitt, "How to Perform Crisis: A Model for Understanding the Key Role of Crisis in Contemporary Populism," in *Government and Opposition*, vol.50 (2015), 189—217.

4. Carlos de la Torre, Populist Seduction in *Latin America* (Athens: Ohio University Press, 2010), 188.

5. 此处并不是说所有这些领袖都在风格或实质上完全一样。尤其是莫拉莱斯曾尝试过某种包容的方式，至少在起草玻利维亚新宪法一事上如此。他所谓"坚定不移的宪政主义"提出了许多新的基本权利（包括拥有良好生活的权利及大自然本身的权利），莫拉莱斯同时试图通过宣布玻利维亚为"多民族国家"以承认过去被排斥在外的少数民族的地位。

6. Bernard Manin, *The Principles of Representative Government* (New York: Cambridge University Press, 1997); and Jeffrey Edward Green, *The Eyes of the People: Democracy in an Age of Spectatorship* (New York: Oxford University Press, 2010).

7. 关于大众恩庇主义是民主的早期形式这一论点，参见Francis Fukuyama, *Political Order and Political Decay* (New York: FSG, 2014)。

8. See Kurt Weyland, "The Threat from the Populist Left," in *Journal of Democracy*, vol.24 (2013), 18—32.

9. 关于委内瑞拉的例子，参见 Sebastián L. Mazzuca, "The Rise of Rentier Populism," in *Journal of Democracy*, vol.24 (2013), 108—122。

10. See Yolanda Valery, "Boliburguesía: Nueva clase venezolana," http: //www.bbc.com/mundo/economia/2009/12/091202_1045_venezuela_boliburguesia_wbm.shtml, 2016 年 1 月 15 日查阅。

11. 民粹政权会持续以特定的形象塑造社会。欧尔班创造了一种奥威尔式的"国家合作体制"；埃尔多安则坚定地告诫土耳其人每个人在社会中都需要安守其本位（和底线）。参见 H. Ertuğ Tombuş, "Erdoğan's Turkey: Beyond Legitimacy and Legality," http: //researchturkey.org/erdogans-turkey-beyond-legitimacy-and-legality。于 2016 年 1 月 15 日查阅。

12. Karin Priester, *Rechter und linker Populismus: Annäherung an ein Chamäleon* (Frankfurt am Main: Campus, 2012), 20.

13. Carl Schmitt, *The Crisis of Parliamentary Democracy*, trans. Ellen Kennedy (Cambridge, MA: MIT Press, 1988), 16—17.

14. See "Viktor Orbán's Speech at the 14th Kötcse Civil Picnic", http: //www.kormany.hu/en/the-prime-minister/the-prime-minister-s-

speeches/viktor-orban-s-speech-at-the-14th-kotcse-civil-picnic, 2016 年 1 月 15 日查阅。

15. Wolfgang Merkel et al. (eds.), *Defekte Demokratien*, 2 vols. (Opladen: Leske + Budrich, 2003).

16.一个具启发性的特例是法律正义与社会基金会（FLIS）的政策简报，Cristóbal Rovira Kaltwaser, *Populism vs. Constitutionalism?*, http: //www.fljs.org/sites/www.fljs.org/files/publications/Kaltwasser.pdf, 2015 年 6 月 16 日查阅。

17. 对这一批判，另参见 Corey Brettschneider, "Popular Constitutionalism Contra Populism," in Constitutional Commentary, vol.30 (2015), 81—88。关于美国的人民宪政主义的辩论的主要参考资料依然是 Larry Kramer, *The People Themselves* (New York: Oxford University Press, 2004)。

18.一个例子是，伊丽莎白·鲍蒙特（Elizabeth Beaumont）写道："恕我宽泛、互换地使用公民的（civic）和人民的（popular）两个术语，用以大致表达普通民众、公民或非官员等意思。" Quoted in *The Civic Constitution: Civic Visions and Struggles in the Path toward Constitutional Democracy*（New York: Oxford University Press, 20114), 4. 再举一例，汤姆·唐纳利宣称无论差异多大，人民宪政主义的倡导者都共同拥有着一种"民粹主义情结"，这

种情结归根结底无非是“某种人为美国人民（和他们的民选代表）应该不间断地承担某种塑造当代宪政含义的角色”。Tom Donnelly, “Making Popular Constitutionalism Work,” in *Wisconsin Law Review* (2012), 159—194; 此处为第 161 页到 162 页。

19. Richard D. Parker, “‘Here the People Rule’: A Constitutional Populist Manifesto,” in *Valparaiso University Law Review,* vol.27 (1993), 531—584; 此处为第 532 页。

20. Martin Loughlin, “The Constitutional Imagination,” in *Modern Law Review,* vol.78 (2015)；此处为 第 1 页到第 25 页。

21. Bruce Ackerman, “Three Paths to Constitutionalism — And the Crisis of the European Union,” in *British Journal of Political Science,* vol.45 (2015), 705—714.

22. 关于装点门面的宪法的观念，参见 Giovanni Sartori, “Constitutionalism: A Preliminary Discussion,” in *American Political Science Review,* vol.56 (1962), 853—864。

23. Dan Edelstein, *The Terror of Natural Right: Republicanism, the Cult of Nature, and the French Revolution* (Chicago: University of Chicago Press, 2009).

24. Renáta Uitz, “Can You Tell When an Illiberal Democracy Is in the Making? An Appeal to Comparative Constitutional Scholarship from

Hungary," in *International Journal of Constitutional Law*, vol.13 (2015), 279—300; 此处为第286页。关于匈牙利新宪法，另参见vol.23 (2012) 该期关于匈牙利的非自由宪政转型的专门一章，及Gábor Attila Tóth所编的论文集，*Constitution for a Disunited Nation: On Hungary's 2011 Fundamental Law* (Budapest: CEU Press, 2012)。

25. Quoted in Agnes Batory, "Populists in Government? Hungary's 'System of National Cooperation,'" in *Democratization*, vol.23 (2016), 283—303.

26. Uitz, "Can You Tell When an Illiberal Democracy Is in the Making?"

27. Dieter Grimm, "Types of Constitutions," in Michel Rosenfeld and András Sajó (eds.), *The Oxford Handbook of Comparative Constitutional Law* (New York: Oxford University Press, 2012), 98—132.

28. 可专门参见Roberto Viciano Pastor及Rubén Martínez Dalmau的作品。之前哥伦比亚的例子并不是支持者所言的"拉丁美洲新宪政主义（nuevo constitucionalismo latinoamericano）"的显著例子。

29. David Landau, "Abusive Constitutionalism," in *University of*

California Davis Law Review, vol.47 (2013), 189—260; 此处为第 213 页。

30. "Ein Schritt in Richtung Demokratie," in *Frankfurter Allgemeine Zeitung*, January 5, 2016, http: //www.faz.net/aktuell/politik/ausland/amerika/parlament-in-venezuela-tritt-mit-oppositioneller-mehrheit-zusammen-13999306.html, 2016 年 1 月 15 日查阅 .

31. 出处同上。

32. Bryan Garsten, "Representative Government and Popular Sovereignty," in Ian Shapiro, Susan C. Stokes, Elisabeth Jean Wood, and Alexander S. Kirshner (eds.), *Political Representation* (New York: Cambridge University Press, 2009), 90—110; 此处为第 91 页。

33. Christoph Möllers, *Demokratie: Zumutungen und Versprechen* (Berlin: Wagenbach, 2008), 33—34.

34. Gilbert Achcar, *The People Want: A Radical Exploration of the Arab Uprising* (Berkeley: University of California Press, 2013), 1.

35. Ernesto Laclau, On Populist Reason (London: Verso, 2005). 拉克洛宣称"很容易发现……孕育政治化可能性的状况，和孕育民粹主义可能性的状况是相同的：二者都预先假定社会的分裂；在两者中我们都能找到一个充满野心的群体，一方面它们是社会中的一个部分（底层人群）；另一方面，这一群体用一种敌意的方式，将自己包装成整个集体。”参见其本人所著“Populism: What's in a Name?,” in *Populism and the Mirror of Democracy* (London: Verso, 2005), 32—49；此处为第 48 页。

36. 以下请参见 Jason Frank, *Constituent Moments: Enacting the People in Postrevolutionary America* (Durham: Duke University Press, 2010)。

37. Garsten, “Representative Government.”

38. Claude Lefort, *The Political Forms of Modern Society: Bureaucracy, Democracy, Totalitarianism*, ed. John B. Thompson (Cambridge, MA: MIT Press, 1986), 303—304.

39. Pierre Rosanvallon, “Revolutionary Democracy,” in Pierre Rosanvallon, *Democracy Past and Future*, ed. Samuel Moyn (New York: Columbia University Press, 2006), 83—84.

40. Quoted in Frank, *Constituent Moments*, 2. 历史学家丹尼尔·T. 罗杰斯（Daniel T. Rodgers）正确地评论道：“追踪人民这一术语的发展过程，便是一些人为某个词赋予特定的意义，接着却自食其果，将这一术语的定义权输给了拥有其他主张的人。”引自本书第 3 页。

41. Quoted in Reinhart Koselleck, “Volk, Nation, Nationalismus, Masse,” in *Geschichtliche Grundbegriffe*, vol.7, eds. Otto Brunner,

Werner Conze, and Reinhart Koselleck (Stuttgart: Klett-Cotta, 1992), 141—431; 此处为第 148 页。正如科泽勒克（Koselleck）讥讽地说道：“俾斯麦构想出了某种形式的意识形态批判，这可以让他能够立刻推演出人民的概念。”

42. Sheldon Wolin, “Transgression, Equality, Voice,” in Josiah Ober and Charles Hedrick (eds.), *Demokratia: A Conversation on Democracies, Ancient and Modern* (Princeton, NJ: Princeton University Press, 1996), 63—90; 此处为第 80 页。

43. Rosanvallon, “Revolutionary Democracy,” 91.

44. 可试想第一波和第二波女权主义的区别。

45. “Mir geht es um Respekt,” in *Die tageszeitung*, 2013 年 9 月 7 日 , http: //www.taz.de/!5059703, 2016 年 1 月查阅。

46. 针对匈牙利和埃及之间的一项极具启发性的比较，可参 见 Gábor Halmai, “Guys with Guns versus Guys with Reports: Egyptian and Hungarian Comparisons,” *Verfassungsblog*, July 15, 2013, http: //www.verfassungsblog.de/de/egypt-hungary-halmaiconstitution-coup, 2013 年 11 月 13 日查阅。

47. 乌克兰也出现了类似的状况，亲欧盟抗议演变为一场关于“乌克兰究竟是什么”的身份政治斗争。我感谢 Balázs Trencsényi 在这方面同我作的探讨。

第三章

1. Christopher H. Achen and Larry M. Bartels, *Democracy for Realists* (Princeton, NJ: Princeton University Press, 2016).

2. Josiah Ober, “The Original Meaning of Democracy,” in *Constellations*, vol.15 (2008), 3—9. 我无须重申雅典排斥妇女、奴隶和异邦人这一常被提起的论点。

3. Peter Mair, *Ruling the Void: The Hollowing of Western Democracy* (New York: Verso, 2013).

4. Cristóbal Rovira Kaltwasser, “The Responses of Populism to Dahl’s Democratic Dilemmas,” in *Political Studies*, vol.62 (2014), 470—487.

5. Paulina Ochoa Espejo, *The Time of Popular Sovereignty: Process and the Democratic State* (University Park: Penn State University Press, 2011).

6. See, for instance, Robert B. Talisse, “Does Value Pluralism Entail Liberalism?,” in *Journal of Moral Philosophy*, vol.7 (2010), 302—320.

7. 我在此暂不详论关于罗尔斯的公共理性理论中必须认同理性多元主义的这一限定的细节。See John Rawls, “The Idea of Public Reason Revisited,” in *The Law of Peoples* (Cambridge, MA: Harvard University Press, 1999), 129—180.

8. Quoted in Michael Kazin, *The Populist Persuasion: An American History* (Ithaca: Cornell University Press, 1998), 233.

9. Kazin, *Populist Persuasion,* 241.

10. John Keane, The Life and Death of Democracy (New York: Norton, 2009), 277.

11. 该书为 Akhil Reed Amar 所著 *America's Constitution: A Biography* (New York: Random House, 2006), 其中特别强调了这些人民主权的元素。

12. 据 Tim Houwen 的说法,"平民的"一词首创于 1856 年《国家》杂志的某篇文章中。See Tim Houwen, "The Non-European Roots of the Concept of Populism" (working paper no.120, Sussex European Institute, 2011).

13. Quoted in Keane, *Life and Death,* 340.

14. Quoted in Margaret Canovan, *Populism* (New York: Harcourt Brace Jovanovich,1981),33.

15. 出处同上,第 51 页到第 52 页。

16. Richard Hofstadter, *The Paranoid Style in American Politics* (New York: Vintage, 2008).

17. Quoted in Kazin, *Populist Persuasion,* 10.

18. Charles Postel, *The Populist Vision* (New York: Oxford

University Press, 2007).

19. 该书为 Bruce Ackerman 所著 *We the People: Foundations* (Cambridge, MA: Harvard University Press, 1993), 讲述了一段失败的宪政时刻（参见第 83 页到第 84 页）。

20. C. Vann Woodward, “The Populist Heritage and the Intellectual,” in *The American Scholar*, vol.29 (1959—1960),55.

21. Pippa Norris, “It’s Not Just Trump,” *Washington Post*, 2016 年 3 月 11 日，https: //www.washingtonpost.com/news/monkey-cage/wp/2016/03/11/its-not-just-trump-authoritarian-populism-is-rising-across-the-west-heres-why, 2016 年 4 月 22 日查阅。

22. Martin Gilens, *Affluence and Influence: Economic Inequality and Political Power in America* (Princeton, NJ: Princeton University Press, 2014).

23. Hanspeter Kriesi, Edgar Grande, Romain Lachat, Martin Dolezal, Simon Bornschier, and Timotheos Frey, “Globalization and the Transformation of the National Political Space: Six European Countries Compared,” in *European Journal of Political Research*, vol.45 (2006), 921—956.

24. 我已在 *Contesting Democracy: Political Ideas in Twentieth-Century Europe* (London: Yale University Press, 2011) 一书中，对这一

论点进行了更加详尽的阐释。

25. 有人也许会补充说，尊严而非自由是战后宪法的首要价值诉求。

26. 有人也许会问“受限民主（constrained democracy）”与“指导式民主（guided democracy）”或“缺陷民主（defective democracy）”在哪些方面不同。答案是在前一种制度下，那些针对掌权者的实质性变革是可能的，且旨在巩固民主的所有限制措施最终是合理的。在后两种制度下，则不可能允许真正的变革。

27. Nadia Urbinati, “Zwischen allgemeiner Anerkennung und Misstrauen,” in *Transit: Europäische Revue*, no.44 (2013).

28. Chris Bickerton and Carlo Invernizzi, “Populism and Technocracy: Opposites or Complements?,” in *Critical Review of International Social and Political Philosophy* (2015), http: //www.tandfonline.com/doi/abs/10.1080/13698230.2014.995504, 2016 年 4 月 28 日查阅。

29. See, for instance, Catherine Fieschi, “A Plague on Both Your Populisms!,” *Open Democracy*, 2012 年 4 月 19 日，http: //www.opendemocracy. net/catherine-fieschi/plague-on-both-your-populisms, 2014 年 3 月 13 日查阅。

30. Wolfgang Streeck, *Gekaufte Zeit* (Berlin: Suhrkamp, 2013).

致　谢

我感谢维也纳人文科学研究所（Institut für die Wissenschaften vom Menschen）邀请我于2013年11月在研究所举行系列讲座，本书就是以讲座内容为基础而写作的。Klaus Nellen及其同事对我款待有加，那些秋日的雨夜里与他们及听众的讨论令我受益匪浅。2014年夏天在研究所的另外一次访问帮助我更深地发展了我的想法。

感谢普林斯顿大学政治系的成员及人文价值观中心的成员（尤其是Chuck Beitz主任），让我得以在2012年主持了一个有关民粹主义的研习班。

我感谢所有在该研习班上以及在讲座和研讨会之后与我讨论在21世纪初令欧洲、美国和拉丁美洲的人越来越感兴趣的话题的人们——就算没人能确定相互谈论的是同一种东西。（理查德·霍夫施塔特曾做过一个报告，其标题几乎直指问题的核心，“人人在谈论民粹主义，没人能定义民粹主义”，现在这一说法似乎仍然不无道理。）

我对民主和民粹主义的看法，或多或少在与以下朋友和同事的对话中成形（这并不是说我能以我的理论说服他们）：Andrew Arato, David Ciepley, Paula Diehl, Zsolt Enyedi, Gábor Halmai, Dick Howard, Carlo Invernizzi Accetti, Turkuler Isiksel, Dan Kelemen, Seongcheol Kim, Alex Kirshner, Mattias Kumm, Cas Mudde, Cristóbal Rovira Kaltwasser, Ivan Krastev, Ralf Michaels, Paulina Ochoa Espejo, Kim Lane Scheppele 和 Nadia Urbinati。我特别要感谢 Cristóbal 邀请我去圣地亚哥并与他在戈波塔利斯大学的同事进行讨论，还要感谢 Balázs Trencsényi 在本书于 2016 年 4 月付梓时一番令我受益匪浅的对话。我亦要感谢 Koen Vossen 和 René Cupeus 提供的关于荷兰政治的消息。

本书参考了以下论文：《民粹主义：理论与实践》（“Populismus: Theorie und Praxis”，*Merkur*, vol.69, 2015），

《分析民粹主义：当下谁是民粹主义者，谁不是？》（“Parsing Populism: Who Is and Who Is Not a Populist These Days?”, *Juncture*, vol.22, 2015），《“人民必须从人民之中归纳出”：民粹主义的反思》（“‘The People Must Be Extracted from within the People’: Reflections on Populism”，*Constellations*, vol.21, 2014)，《民粹主义政治理论的方式》（“Anläufe zu einer politischen Theorie des Populismus”，*Transit*, no.44, 2013)；《面向一种民粹主义的政治理论》（“Towards a Political Theory of Populism”，*Notizie di Politeia*, no.107, 2012)，以及其他一系列发表在《异见》（*Dissent*）、《纽约书评日刊》（*New York Review of Books Daily*）、《卫报》、《世界报》（*Le Monde*）、《时代报》（*Die Zeit*）、《南德意志报》（*Süddeutsche Zeitung*）和《新苏黎世报》（*Neue Zürcher Zeitung*）上的文章。

我感谢两位编辑在关键时刻表现出的耐心与高效：Heinrich Geiselberger 对本书德文版提供了协助，Damon Linker 则对本书的美国版提供了热情支持。

最后，我感恩我的家庭。特别感谢海德伦·米勒在本书即将付梓之际为我提供的种种帮助。

这一论著献给我的孩子们，他们留心体验了他们经历的第一场美国总统选举，民主的种种愿景对他们完全开放。我不奢望成为惠特曼那样的人，但我也许能够通过谦逊地援引他的诗句来向一些人致敬："他或她在民主制的信念和雄心，与人民的幼稚、缺点和善变之间，用思想冲锋陷阵，进退有据。"

西方政治思想译丛

第一辑书目

1.《保守主义》,[美]杰里·马勒著,刘曙辉、张容南译 55.00 元
2.《民主教育》,[美]艾米·古特曼著,杨伟清译 42.00 元
3.《自由主义美德》,[美]斯蒂芬·马塞多著,马万利译 38.00 元
4.《中世纪政治思想史》,[英]沃尔特·厄尔曼著,夏洞奇译 28.00 元
5.《分配正义简史》,[美]塞缪尔·弗莱施哈克尔著,吴万伟译 25.00 元
6.《论民族性》,[英]戴维·米勒著,刘曙辉译 25.00 元
7.《现代政治思想的基础》,[英]昆廷·斯金纳著,奚瑞森、亚方译 98.00 元
8.《贸易的猜忌》,[英]伊斯特凡·洪特著,霍伟岸、迟洪涛、徐至德译 88.00 元

第二辑书目

9.《古代宪法与封建法》,[英]J. G. A. 波考克著,翟小波译 52.00 元
10.《剑桥阿伦特指南》,[美]达纳·维拉著,陈伟、张笑宇译,陈伟校 69.00 元
11.《古典功利主义:从休谟到密尔》,[英]弗雷德里克·罗森著,曹海军译 58.00 元
12.《英国功利主义者》,[英]莱斯利·斯蒂芬著,朱妍兰译 (即出)
13.《美利坚共和国的缔造:1776—1787》,[美]戈登·S. 伍德著,朱妍兰译 98.00 元
14.《政治神学》,[美]保罗·卡恩著,郑琪译 39.00 元
15.《魏玛共和国的反民主思想》,[德]库尔特·松特海默著,安尼译 58.00 元
16.《西欧的国家传统》,[英]肯尼斯·戴森著,康子兴译 48.00 元

第三辑书目

17.《中世纪的政治理论》,[德]奥托·基尔克著,李筠译　　(即出)

18.《自然法与社会理论》,[德]奥托·基尔克著,王涛译　　(即出)

19.《两个世界间的托克维尔》,[美]谢尔顿·S.沃林著,段德敏等译　　88.00 元

20.《什么是民粹主义?》,[德]扬—维尔纳·米勒著,钱静远译　　49.00 元

21.《西方政治思想的社会史:公民到领主》,[加]艾伦·梅克辛斯·伍德著,曹帅译　　58.00 元

22.《西方政治思想的社会史:自由与财产》,[加]艾伦·梅克辛斯·伍德著,曹帅译　　68.00 元

23.《马基雅维里作品研究》,[法]克洛德·勒弗尔著,张尧均译　　(即出)

24.《站在正义的一方》,[美]南茜·罗森布鲁姆著,黄梦晓译　　(即出)